现代职业教育与学生管理

姚　英　戴晓燕　潘　峰 / 主编

延边大学出版社

延　吉

图书在版编目（CIP）数据

现代职业教育与学生管理 / 姚英，戴晓燕，潘峰主编 . -- 延吉 : 延边大学出版社，2023.7

ISBN 978-7-230-05179-8

Ⅰ . ①现… Ⅱ . ①姚… ②戴… ③潘… Ⅲ . ①职业教育—研究—中国②职业教育—学生—学校管理—研究—中国 Ⅳ . ① G719.2 ② G718.5

中国国家版本馆 CIP 数据核字（2023）第 125669 号

现代职业教育与学生管理

主　　编：姚　英　戴晓燕　潘　峰
责任编辑：张艳秋
封面设计：文合文化
出版发行：延边大学出版社
社　　址：吉林省延吉市公园路 977 号　　　邮　编：133002
网　　址：http://www.ydcbs.com　　　　E-mail：ydcbs@ydcbs.com
电　　话：0433-2732435　　　　　　　　传　真：0433-2732434
印　　刷：天津市天玺印务有限公司
开　　本：787 毫米 ×1092 毫米　　　1/16
印　　张：10.75
字　　数：200 千字
版　　次：2023 年 7 月第 1 版
印　　次：2024 年 3 月第 2 次印刷
书　　号：ISBN 978-7-230-05179-8

定　　价：58.00 元

前　　言

　　职业教育是社会发展的产物，是人类文明进步的产物，是人自身发展的产物，也是与经济社会发展联系最紧密、贡献最直接的教育类型。大力发展职业教育是近年来教育界不变的主题，也是国家的战略发展目标。随着科学技术的快速发展、现代产业体系的建立和完善，以及人力资源结构的合理调整，原有的职业教育理论和实践需要不断更新、发展、完善和创新。同时，职业教育过程中对人才的引领是很重要的，而学生管理就是学校对学生在校内外的学习和活动进行计划、组织、协调控制，学校通过非学术性事务和课外活动对学生施加教育影响，以规范、指导和服务学生，丰富学生的校园生活，促进学生发展成才。职业教育必须树立以学生为中心的观念，以学生的发展为根本目标。在考虑学生整体特点的情况下，注意学生的个体差异，做到因材施教，为学生当前的生活、以后的生存和发展打下基础。

　　本书从中国职业教育的类型入手，将理论和实际相结合，多方面研究了中国职业教育类型建设。同时，对技工院校职业教育也进行了一定的介绍。接着，研究了职业教育的教学方法，进而分析了职业指导的理论与实践。随后，从职业教育师资建设的角度出发，分析了职业教育师资培养专业化的相关内容。最后，深入探讨了高校学生管理的有关工作，对高校学生管理的模式和制度进行了研究，同时，还分析了高校学生管理工作在信息时代的发展。

职业教育不是一种终结性的教育，而是服务于学生发展的终身教育。职业教育要适时地根据受教育者的需求特点，在办学方式上作出一定的调整，它以职业需要为导向，以实践应用性技术和技艺为主要内容，传授职业活动所必需的职业技能、知识和态度，并使学习者获得或者扩展职业行动能力，进而获得相应的职业资格。与此同时，职业教育还要为受教育者以后的发展打下坚实的基础。而高校学生管理工作是一项系统工程，它的具体内容包括众多方面，涵盖了学生的学习、生活、思想教育，规范了学生的日常行为等。本书逻辑严密，结构清晰，希望能为现代职业教育相关的从业人员提供参考，推动我国教育事业的发展。

CONTENTS 目录

第一章　中国职业教育类型

第一节　职业教育类型释义

把职业技术教育作为一个"类型"看待，将其与学校普通教育置于同等社会地位，有利于人们更加全面地了解职业技术教育的内涵与外延、本质与特征，以及办学形式、教育形式、主要任务、保障机制和战略意义。正如教育部原副部长鲁昕在指导应用型本科高校加强职业教育类型建设时所言："坚持担当类型教育，要明确类型，明晰定位，担当主角，立足区域，衔接职普，产教融合，相互学习，作出贡献。"

一、职业教育类型的概念界定

（一）职业教育类型的含义

截至目前，学术界尚未就"职业教育类型"给出明确概念。2019 年 2 月 19

日，教育部职业教育与成人教育司、发展规划司等部门领导集中介绍了"职教二十条"的主要内容，认为职业教育和普通教育是两种不同的教育类型，具有同等重要的地位。这是一个非常重要的新判断，但没有对"职业教育类型"进行概念界定。有学者认为，职业教育就是要突出职业教育传承技术技能、培养多样化人才、促进就业创业的社会职能，形成与普通教育差异化发展的态势。很明显，这样的概念界定不够严谨。

职业教育是既有别于普通教育，又具有职业性、技术性、跨界性等职业技术特征的教育种类，它是一种与高校精英教育、学校普通教育相互区别的教育类型。与高校精英教育、学校普通教育类型不同，职业教育类型主要强调通过产教融合、校企合作，为行业与企业培养适应生产、建设、管理、服务第一线需要的应用型高素质人才。

从"职业教育与普通教育是两种不同教育类型"的表述语来看，职业教育之所以被认为是"一种类型"，是因为其主要对比普通教育。因此，有必要对职业教育与普通教育进行区分。

（二）职业教育与普通教育的主要区别

一般认为，普通教育是偏重学术性知识的传授，是以升学为目的的教育；而职业教育偏重应用型技术技能的传授，是以就业为目的的教育。从严格意义来说，每个人所接受的教育都可称为职业教育；但从教育实践来说，职业教育与普通教育在客观上存在较大差别。

1. 办学模式、治理模式、办学导向不同

职业教育强调产教融合、校企合作办学模式和治理模式，办学导向主要以职业、就业为目的，如德国的"双元制"、瑞士的"三元制"等，皆强调与行业企业合作，共同开展应用型人才培养、科学研究和社会服务，职业教育是就业导向而不是升学导向。普通教育则强调学校"一元制"办学模式和治理模式，如我国中小学、研究型大学等，主要是"学校自我管理"或"教授治校"等，其办学导向主要以升学为目的。

2. 人才培养模式、教学模式、人才培养目的不同

职业教育强调产教融合、校企合作人才培养模式和教学模式，不论是人才培养方案，还是教学方式，都注重产教融合、校企合作，强调实践教学和应用技术教学；其人才培养目的主要是为地方的行业与企业培养生产、建设、管理、服务第一线需要的应用型技术技能人才。普通教育则强调课堂理论人才培养模式和教学模式，侧重于理论知识的传授，同时注重学科专业前沿技术知识的传授，主要培养理论型和研究型人才。

3. 教师结构、教师类型、教师建设模式不同

职业教育教师一般由校内、校外教师构成，来自行业、企业的兼职教师占有较大比例；教师类型方面，强调"双师双能型"，即教师必须具有行业和产业的专业技术背景；教师建设模式上，强调"产教融合、校企合作"，即使是学校专业教师，一般也要求每隔一段时间进行一次为期半年或 1 年的最新产业发展技术培训，也就是新知识、新技术、新技能培训，即鲁昕所说的"职业教育要对接市场需求，构建新知识体系、新技术体系、新技能体系"。普通教育的教师则主要是"校内专职教师"；教师类型方面，强调"理论型"，教师的主要任务是传道、授业、解惑；教师建设模式上，强调"学历提升、知识提升"。

4. 学科、专业、课程、教材建设模式不同

职业教育和普通教育都强调学科、专业、课程和教材建设，不同之处在于职业教育强调应用型、技术型"学科、专业、课程、教材"建设，而普通教育更强调理论型、知识型"学科、专业、课程、教材"建设。

5. 科学研究模式、社会服务模式不同

高等职业教育和高等普通教育都重视科学研究，不同之处在于：高等职业教育强调为地方、行业、企业提供"应用型、技术型"科学研究和社会服务，而高等普通教育强调为国家和地方提供"理论型、学术型"科学研究与社会服务。

6. 教育对象、教育时段不同

职业教育强调教育对象"全民性"，不仅包括在校学生，而且包括就业职工、复员军人、新型农民等所有社会人；强调"终身性""大学后教育""入职职业技术培训""职中技术培训"，乃至"终身职业技术培训"。普通教育的对象是各个层级的"校内学生"；教育时段仅限于幼儿园至大学，即"校园学习阶段"。职业教育与普通教育最容易混淆之处在于"高等职业教育与普通高等教育的交集空间"。因二者均有"高等"二字，且二者的"交集空间"是无法界定的。事实上，二者之间的"交集空间大小"，是随着一个国家或地方经济社会发展水平而变化的，经济社会发展水平愈高，二者的"交集空间"就愈大。

7. 生源渠道不同

高等职业学校的生源主要有以下四个方面：一是普通高中毕业生；二是职业高中毕业生；三是中等和高等职业技术学院对口招生的毕业生；四是初中毕业生。相对而言，高等职业学校的生源更加多元化，普通高校的生源主要是普通高中毕业生，比较单一。

8. 与地方（区域）产业经济和社会发展联系不同

普通高等教育和高等职业教育都强调服务产业经济与社会发展，但侧重点不同。高等职业教育强调服务地方（区域）产业经济和社会发展，与地方（区域）产业经济和社会发展关系更加密切、同频互振、共生共荣、协同发展。普通高等教育则强调服务国家和地方产业经济与社会发展，与学校所在地的产业经济和社会发展联系相对松散。

二、职业教育与普通教育的关系

（一）普通教育只是职业教育的一个组成部分

普通教育是以科学知识为主要教学内容的学校教育。普通教育涵盖从幼儿园到大学的教育，强调"以科学知识为本位"，属于学校教育，注重学历提升，教育对象是社会精英，定位是培养知识型、研究型人才，人才培养方式以校园教学、理论教学为主。

职业教育是以职业能力为主要教学内容的社会教育。职业教育涵盖大学教育前和大学教育后的终身教育，强调"以职业能力为本位"，是社会教育（包括部分学校教育），注重职业发展，教育对象是社会大众，定位是培养应用型、技能型、职业型人才，人才培养方式以产教融合、校企合作为主。

职业教育与普通教育是"两种类型"的教育，但不是"两峰对峙"的教育。从理论上讲，所有教育都可称为"职业教育"。无论是中小学基础教育，还是大学教育，都是为个人提供未来职业能力和职业发展的教育。德国哲学家乔治·凯兴斯泰纳认为，"教育之路即工作之路"，"职业教育就是公民教育"。幼儿园教育、中小学校教育、大学校园教育都是为个人未来职业发展做铺垫的，高等教育从属于学校教育，学校教育从属于职业教育。准确地说，从幼儿园教育、中小学基础教育、中职高职教育、大学高等教育、大学后职业技术培训、终身教育都属于职业教育。

但从实践来看，职业教育与普通教育是客观存在的两种类型教育。以我国教育为例，古代学徒制职业教育与私塾制、科举制等精英教育长期并存，现代学徒制与学校普通教育相互补充。两种类型的教育在学习内容、学习方式、学习目的等方面均有较大差异。

现在强调职业教育类型，不在于抬高职业教育的社会地位，而在于重新认识职业教育的重要性，明确职业教育的办学类型、人才培养类型和治理模式类型，进而提高职业教育教学质量。提高职业教育教学质量是职业教育类型建设的价值追求和终极目的。

（二）普通教育与职业教育之间的辩证关系

从理论上说，普通教育是职业教育的一部分，双方是从属关系；从实践来看，普通教育与职业教育是两种不同类型的教育，两者有很大的交集，两者之间是地位相同、类型不同、互融互通、相辅相成的辩证关系。

1. 地位相同

古代的重大科技发明往往是职业教育的结果,近现代的重大科技发明往往是普通教育和职业教育共同作用的结果。托马斯·阿尔瓦·爱迪生（Thomas Alva Edison）、托马斯·萨弗里（Thomas Savery）、托马斯·纽科门（Thomas Newcomen）、詹姆斯·瓦特（James Watt）、乔治·史蒂芬孙（George Stephenson）等众多发明家并没有接受多少高校的高等教育,他们的发明成果大都是职业技术教育的结果,如萨弗里是一名职业军人,纽科门是一名职业铁匠。依据1997年联合国教科文组织颁布的国际教育分类标准,高等教育由两大类组成:一种是“理论基础、研究准备、进入需要高技术要求专门化”的普通高等教育;另一种是“实际的、技术的、职业的”高等职业教育。高校也有两大类,一种是研究型高校,另一种是应用技术型高校。本科性质的研究型高校为5A级,本科性质的应用技术型高校为5B级,地位平等。目前,欧洲各国都以教育法的形式给予应用技术型高校与研究型高校平等的法律地位。我国职业教育特别是高等职业教育与普通高等教育,也是地位相同的教育类型。

2. 类型不同

有学者从高等教育方面进行分类,认为普通高等教育是以“培养学术型、工程型人才为目标的高等教育”,而高等职业教育是“培养技术型人才的高等教育”。另有学者认为,教育类型只有职业教育和普通文化教育之分。总而言之,与普通教育相比,职业教育属于另一种类型教育。

3. 互融互通

职业教育在“高等教育”层次是互融互通的,主要表现在:一是招生互融互通。职业高校既可以从职业高中招生,也可以从普通高中招生;应用型本科高校既可以从普通高中招生,也可以从高职高专招生。二是学分互融互通。例如,“专升本”就是承认专科教育学分的,否则“专升本”不会采取两年制本科教育。

4. 相辅相成

社会既不能没有普通教育，也不能没有职业教育。一方面，职业技术类培训等职业教育可以弥补普通教育的不足，使众多无机会接受高等教育者得以接受职业技术教育，实现教育公平；另一方面，普通教育特别是中小学普通教育为中职、高职教育奠定了基础，普通高等教育为专业硕士、专业博士学位研究生教育奠定了基础。

（三）部分"职业教育类型"观点商榷

1. 人为对职业教育与普通教育进行"专业体系"与"学科体系"的分野

把普通教育定位为"学科型"，把职业教育定位为"专业型"。实际上，职业教育与普通教育都存在学科性和专业性，把学科与专业对立起来不符合教育发展规律。学科对应科研，学科建设强调教师发展；专业对应教学，专业建设强调学生发展。我国职业技术学院、应用型本科高校普遍存在学科建设，与研究型高等教育相比，职业技术教育的学科建设不仅不能弱化，而且应该加强，只不过加强的对象是"应用型学科"。职业教育类型建设的核心目的是提高职业教育教学质量（或"推进职业教育高质量发展"），最终改变社会轻视职业教育的观点，提高职业教育质量的最佳手段恰恰是"服务行业、企业的技术研发与产品升级"。该结论已经被欧洲应用技术大学和国内应用型本科高校的教育实践证实。

2. 人为地把高等职业教育与高等普通教育对立起来

高等职业教育与高等普通教育虽然是两种类型的教育，但二者有很大的交集，交集就在于"高等"二字。如产教融合、校企合作教育教学模式，既适用于职业技术学院，也适用于应用型本科高校、研究型大学。目前，我国很多研究型大学的专业教学同样重视产教融合、校企合作，且重视程度、合作密度远甚于职业技术学院。

3.人为对职业教育与普通教育进行"教学"与"科研"的分野

不论是职业技术学院，还是应用型本科高校、研究型大学，只要是高校，就都具有人才培养、科学研究和社会服务三大基本职能，只不过职业技术学院强调的是"应用型科研"或"应用技术研发与推广"。例如，深圳职业技术学院在社会上享有较高的认可度，与该学院拥有众多应用技术研发与推广成果密不可分；国外应用技术大学毕业生就业率和就业质量普遍高于研究型大学，秘诀就在于该类高校十分重视毕业生参与行业、企业急需的应用技术研发与推广项目，并被相关行业、企业提前高薪录用。要想实现实质性、紧密性、长效性的校企合作，高校必须为合作企业提供实实在在的人才和技术服务。高校和企业有不同的利益诉求，一些应用型本科高校和职业技术学院总是抱怨行业、企业合作育人积极性不高，属于典型的"甩锅"，反映了我国应用型本科高校和职业技术学院应用技术科研能力不足的事实。我国应用型本科高校和职业技术学院如果不在"校企合作开展应用技术研发与推广项目"上下功夫，那么"提高职业教育质量"就是一句空话。行业、企业遇到重大应用技术研发难题为什么总是习惯到研究型大学和科研机构寻求帮助？研究型大学和科研机构为什么不抱怨企业合作积极性不高？短期内让我国应用型本科高校和职业技术学院快速提高应用技术研发水平不现实，但再难也要坚持下去。人才培养、科学研究、社会服务是每一位高校教师应尽的职责，不做科研的高校教师和不做应用科研的职业高校教师，都是不称职的教师。

（四）中国职业教育的类型与层次

过去，职业教育一直被作为"层级"来看待，如基础职业教育（中小学基础教育中的劳动教育和职业高中教育）、初等职业教育、中等职业教育、高等职业教育、本科职业教育、专业硕士研究生职业教育、专业博士研究生职业教育。单一按照"层级"区分职业教育导致的后果是：初等职业教育希望升格为中等职业教育，中等职业教育希望升格为高等职业教育，高等职业教育希望升格为本科职业教育……职业教育与普通教育逐渐趋同，同时逐渐丧失其自身的职业属性。把职业教育作为一种"类型"来看待，重视职业教育的内涵建设和特色发展，可有效地避免职业教育沦为普通教育。

实际上，职业教育的"层次"与"类型"都是职业教育的结构形态，不同之处在于职业教育层级是纵向结构，职业教育类型是横向结构。只有从纵向、横向两个方向对职业教育进行解构，才能全面认识职业教育的结构形态。

我国最早把职业教育看作一种"类型"的是蔡元培先生，而当代最早把职业教育看作一种"类型"的是国家教委原副主任王明达。他在 1996 年召开的第三次全国职业教育工作会议上指出："高等职业教育是属于高等层次的职业教育，是高等教育的一部分，是一种特殊类型的高等教育。"当时，由于我国产业经济以及高等教育都处于大发展时期，大学毕业生、下岗职工、新型农民、复员军人的就业压力都远没有如今这样大，王明达的"职业教育类型"主张并没有引起教育界的高度关注。

进入 21 世纪后，我国大学毕业生、新型农民、下岗职工、复员军人就业难等问题逐渐凸显。特别是在 2010 年以后，随着计算机技术、人工智能技术、大数据技术、信息技术等现代科技的快速发展，"机进人退"问题开始出现，"职业技术培训、再就业、终身教育"等职业教育再次回到教育界的视野，倒逼教育界对原有的职业教育思想和职业教育理论重新进行审视，"职业教育类型"观点应运而生。

三、我国职业教育类型建设的时代需求

（一）加强我国职业教育类型建设，服务我国人才供给侧结构性改革

当前学校精英教育备受追捧，职业技术教育不受重视，是不争的事实。然而，随着人工智能、信息技术等现代科技的快速发展，相继出现了"人机大

战""机器代替人工劳动""高校毕业生就业难"等问题,倒逼各级教育管理者不得不开始思考破解之道。牛津大学学者卡尔·贝内迪克特·弗雷（Carl Benedikt Frey）在《就业的未来》这篇报告中指出："随着计算机技术、人工智能技术的发展,未来有 47% 的工作有被计算机取代的风险。"中国工程院院士潘云鹤认为："新一代人工智能技术将会有一个广阔的应用前景,它将在电子商务、智能城市、智能交通、智能医疗、智能物流、智能制造、智能电网、智能社区、智能经济、智能图书馆等方面广泛运用。同时,将会产生很多新的产品,包括无人机、无人车、机器人、智能手机、智能游戏、穿戴式设备,各种 AR/VR 装备。"马云认为："今天 50% 的职业将在未来消失,我们的未来是由教育决定的。"创新工场董事长兼首席执行官李开复指出："40 年前最伟大的科技公司是 IBM,25 年前最伟大的科技公司是微软,5 年前最伟大的科技公司是谷歌,他们都在做人工智能……AI 不是取代一个人、一台机器,而是取代无数的人……50% 的人类工作在未来十年将被取代。"世界经济论坛发布的《2018 年未来就业报告》提出："到 2025 年,机器所占份额将进一步增长至 52%。"甚至有研究认为,我国当今 3.9 亿人的工作将被人工智能机器替代。

产业界、学术界已经发出预警,当今过半职业未来有可能被人工智能机器替代。那么,教育界应该如何应对这一迫切的现实问题? 一方面,需要科技进步推动经济社会发展;另一方面,科技成果开始大量排斥工作岗位。尽管这一矛盾早就存在,但从来没有像今天这么尖锐,毕竟无论是"毕业即失业"还是"中年失业",都是人生的挑战。

科技发展要求教育变革。对此,学术界给出的破解之道是科技进步会催生一大批新行业、新产业,而新行业、新产业又会产生一大批新职业、新岗位,因此要加强职业技术教育。联合国教科文组织则呼吁各国大力发展终身职业技术教育。教育机构是人才的供给者,行业、企业是人才的需求端,因为行业、企业的人才需求正在发生或即将发生重大而剧烈的变化,所以由政府组织实施"人才供给侧结构性改革"势在必行。目前,我国的职业教育相对于学校普通教育还比较落后，提高职业教育质量以及职业教育类型的社会地位尤为迫切。正如有些学者所言："当前职业教育对类型属性的需求如此迫切，是因为智能化时代职业结构的变化产生了对职业教育体系的建设需求。"只有通过产教融合、校企合作教育途径建立教育链、人才链、产业链、创新链紧密结合的职业教育类型模式，才能培养出适应科技不断进步的高素质应用型与实用型人才，以此动态满足产业结构转型升级对人才多样化的需求。

（二）加强我国职业教育类型建设，服务我国现代职业教育高质量发展

《中共中央关于制定国民经济和社会发展第十四个五年规划和二〇三五年远景目标的建议》提出，要加大人力资本投入，增强职业技术教育适应性，深化职普融通、产教融合、校企合作，探索中国特色学徒制，大力培养技术技能人才。2021年，全国职业教育大会也创造性地提出建设技能型社会的理念和战略。为此，我们要高举"技能型社会"这面旗帜，加快构建面向全体人民、贯穿全生命周期、服务全产业链的职业教育体系，加快建设国家重视技能、社会崇尚技能、人人学习技能、人人拥有技能的技能型社会，让技术技能"长入"经济、"汇入"生活、"融入"文化、"渗入"人心、"进入"议程。

要增强职业技术教育适应性、高质量发展现代职业教育，就必须加强职业教育类型建设，正如鲁昕所言，职业教育与普通教育是两种不同的教育类型，具有同等重要的地位。职业教育类型建设是高质量教育体系建设的重要内容。一方面，通过巩固提高中等职业教育发展水平、创新发展高等职业教育、引导普通本科高等学校转型发展、积极发展多种形式的继续教育，完善职业教育人才多样化成长渠道，加快构建纵向贯通、横向融通的现代职业教育体系和完整的技术技能型与应用型人才培养体系；另一方面，通过大力发展中等、高等、本科职业教育，优化高等教育结构，为高质量教育体系建设奠定科学合理的结构基础。中国职业技术教育学会常务副会长兼秘书长刘建同也把"职业教育类

型建设"列为高质量发展现代职业教育的八项任务之一，即"一是提高政治站位；二是建立系统思维；三是重塑知识结构；四是增强数字能力；五是着眼未来技术；六是构建未来技能；七是坚定职教类型；八是立足终身学习"。

（三）加强我国职业教育类型建设，服务中国特色教育学学科发展

与我国历史学等学科相比，我国教育学学科整体特色不够突出。不论是基础教育，还是高等教育、职业教育，教育学界总习惯拿西方的教育理论来解释我国的教育现象。我国教育学学科理论亟待构建具有中国国情、中国特色的教育学学科理论。近年来，我国职教界所提出的"类型说"，既是中国特色的职业技术教育学科新观点，更是中国特色教育学科新观点。不但能推动我国职业技术教育学科理论发展，而且能推动我国所有教育学学科的发展。

职业教育"类型说"强调产教融合应用型人才培养过程的类型化。"产教融合"是西方教育学词典中不曾有的词汇，属于我国的教育理论特色。"产教融合"完全是基于我国当代快速发展的人工智能、信息技术等新业态实际需求而提出的教育理念，它源于我国产业经济的实践需求，服务于我国产业经济和社会发展，具有中国智慧、中国方案等中国教育学理论特质。

职业技术教育"类型说"强调校企合作办学形态和治理模式的类型化。目前，我国5G技术、高铁技术、人工智能技术、航空航天技术等众多技术领域已走在世界的前列，未来数年，中国将在更多科学技术领域走在世界前列。而各级教育必须跟上科技进步的时代步伐，并为产业经济和社会发展提供强大的人才和技术支撑，这是我国教育的未来发展趋势，也是我国职业技术教育的时代担当。职业教育"类型说"强调校企合作办学模式等共建、共管、共享教育治理模式，必然对我国当今各级教育办学模式和治理模式造成巨大冲击。截至目前，尽管我国各级教育一直在大力推行转型发展和产教融合教育教学改革，但"专业同质化""学生就业难"等局面并没有得到彻底改观，职业技术教育

"类型说"作为一种新学说，并以"职教二十条"，即国家意志的形式予以确认，有利于打破传统的教育学学科理论固有认知，有利于催生基于产教融合型的中国特色教育学学科新理论、新观点。从微观层面来看，"类型说"有助于人们进一步审视和厘清不同类型教育的特点及属性，实施不同的教学方式、专业建设、课程建设、师资队伍建设、科学研究、考核方式和社会服务方式、学校治理模式等学校管理体制机制；从宏观层面来看，"类型说"有助于国家、地方教育行政部门和举办者按类型教育的特点和规律进行顶层设计、分类施策、分类管理、分类制定教育标准、分类评估等。

第二节　我国职业教育的类型特征

职业教育之所以成为一种"类型"，主要是因为职业教育具有不同于普通教育的"类型特征"。因此，只有把职业教育的类型特征从普通教育类型特征中剥离出来，才能更清晰地认识职业教育类型的本质，更好地推动我国职业教育类型建设。

作为一类具有共同特征的教育类型，探讨职业教育的类型特征非常必要。目前，教育界对职业教育的类型特征表述众说纷纭、歧义互现，如李鹏等认为，职业教育的类型特征是"跨界性、职业性、技术性"；孙善学认为，职业教育的类型特征是"产教融合、校企合作、能力本位、德技并修、工学结合、双元育人、育训并重、面向人人"；姜大源认为，职业教育的类型特征是"企业与学校联姻的跨界合作，产业与教育链接的需求整合，共性与个性并蓄的框架重构"，即职业教育具有"整合性、能本性和跨界性"，"能本性"是指"以能力为本位"；李玉静认为，职业教育的类型特征是"开放性、灵活性、多元化和个性化"；等等。经过综合研究我们认为，职业教育的类型特征应该划分为核心特征和衍生特征，分述如下：

一、职业教育的核心特征

职业教育的核心特征，主要指职业教育独有且与普通教育区别较大的教育特征。

（一）职业性

职业性是职业教育最基本的类型特征。一是职业教育强调"职业"这一关键词，使职业教育与学校精英教育、学校普通教育有了本质区别。二是职业教育强调"以职业为导向"，而非"以升学为导向"。三是大学后职业技术培训及终身教育是普通学校教育所不具备的教育特质。概言之，职业性回答的是职业教育"是什么"的核心问题。

（二）技术性

技术性是职业教育人才培养目标定位特征。一是职业教育人才培养目标定位是"培养技术技能型人才"，与研究型大学人才培养目标定位显著不同。二是职业教育的人才培养内容强调与"职业岗位"相衔接，其专业及课程对应社会职业岗位所需的职业道德、技术技能要素；其人才培养方案、课程、教材、实践教学等要素与职业工作过程相吻合。三是职业教育是"职业技术教育"，带有"技术"二字，职业教育教师的教学、科研、服务强调"应用技术"，与研究型大学教师的教学、科研、服务的主要目标显著不同。概言之，技术性回答的是职业教育"教什么"的核心问题。

（三）跨界性

跨界性是职业教育的人才培养模式特征。一是跨界性突出的是职业教育人才培养类型特征，即产教融合、校企合作人才培养模式类型。二是职业教育强调教育界与产业界密切合作，学校与行业、企业密切合作，共同开展职业技术教育。三是职业教育强调校企合作办学模式类型，即强调校地互动、校企合作，共建、共管、共享办学的模式类型。概言之，跨界性回答的是职业教育"怎么教"的核心问题。

（四）终身性

终身性是职业教育的时空特征。一是普通教育是学校教育，不具有终身性。二是职业教育既包括学校教育，也包括大学后的职业技术技能培训。科技不停地发展，个人只有不停地学习才不至于落伍。职业教育强调个人随科技进步不间断地接受职业技术技能培训和教育，即"活到老、学到老"，老年大学即职业教育终身性的典型诠释。三是联合国教科文组织把终身教育列为职业教育。概言之，终身性回答的是"个体如何学"的核心问题。

（五）实学性

实学性是职业教育区别于普通教育的历史特征。一是我国自古就客观存在学校普通教育和职业技术教育的分野，我国古代及近代先贤均认为职业技术教育是"实学"而不是"官学"。二是我国自古就客观存在"学"与"术"、"道"与"器"的分野，"学"和"道"强调学校式、知识型的教育，"术"和"器"强调师徒式、实用型的教育。三是近代我国高等学堂教育兴起，又客观存在"实业教育"与"普通教育"的分野，"实业教育"即"实学教育"。概言之，实学性回答的是职业教育"技术如何应用"的核心问题。

二、职业教育的衍生特征

职业教育的衍生特征,主要指其具有典型的职业教育特征,是职业教育和普通教育均具有的教育特征。该类特征往往是由职业教育核心特征所引申出来的。

(一)应用性

应用性不是职业教育所独有的类型特征。研究型大学的人才培养、科学研究和社会服务都具有很强的应用性,特别是科学研究和社会服务,应用性特质非常明显。应用性是职业教育和普通教育均具有的类型特征,但相比研究型大学,应用型本科高校和职业技术学院更加强调人才培养、科学研究、社会服务的应用性。从某种意义上说,应用性是职业性和跨界性的衍生特征。

(二)能本性

能本性即强调"以能力(职业技术)为本位",它与"以知识为本位"相对应。实际上,"以能力(职业技术)为本位"与"以知识为本位"并非对立的关系,研究型大学既强调"以知识为本位",也强调"以能力(职业技术)为本位"。从职业教育类型特征来看,能本性是技术性的衍生特征。

(三)开放性

开放性并非职业教育独有的特征,高等教育也具有开放性、国际化。从职业教育类型特征来看,开放性实际上是跨界性的衍生特征。

(四)迭代性

有学者认为,职业教育可以在技术知识的探究过程中,增加迭代性特征。迭代性强调技术的快速迭代,导致职业技术教育内容的快速迭代。但迭代性并非职业教育独有的特征,研究型大学的教学、科研、服务均具有迭代性,而且研究型大学教师往往站在学术和技术制高点,其教学、科研、服务的迭代性更为鲜明。从职业教育类型特征来看,迭代性实际上是职业性和技术性的衍生特征。

（五）多元性

多元性主要强调职业教育办学多元化、教学多元化、科研多元化、服务多元化、评估多元化,即与行业、企业合作办学,合作开展教学、科研、服务与评估等。但研究型大学的教学、科研、服务同样具有多元化。从职业教育类型特征来看,多元性实际上是跨界性的衍生特征。

（六）灵活性

持职业教育具有"灵活性"特征观点的人认为,职业教育是一种校企合作式教育,受时空限制较小,时时可学、处处可学。但灵活性不是职业教育所独有的,普通教育同样具有灵活性,普通本科教育也有"实践周""实践月""实践学期",甚至"实践学年"。从职业教育类型特征来看,灵活性实际上是跨界性的衍生特征。

第三节　"转型发展""产教融合"
与中国职业教育类型

"职业教育类型说"产生的重要原因之一,是近年来我国地方高校的"转型发展"和"产教融合"教育教学改革活动。这场轰轰烈烈的教育教学改革,在一定程度上借鉴了欧洲应用技术大学的教育理念,而欧洲应用技术大学和其他大学类高校是"不同类型但是等值"的高等学校。

尽管职业教育作为一种类型一直客观存在,但我国教育界对"职业教育类型说"有一个逐步认识的过程。从一定意义上说,"职业教育类型说"是"地方高校转型发展说"和"地方高校产教融合发展说"的理论升华。正是由于地方高校的"转型发展"教育教学改革活动和"产教融合"教育教学改革活动,使"职业教育是一种教育类型且与普通教育等值"这一固有结论重新引起我国教育界的广泛重视。

一、"转型发展"与"产教融合"

地方高校的"转型发展"与"产教融合"之间是一种递进关系。换言之,"转型发展"是形式,"产教融合"是内容,"产教融合"教育教学改革活动是"转型发展"教育教学改革的延伸或递进。

（一）地方高校转型发展教育教学改革活动

地方高校转型发展教育教学改革活动有两个特定的关键词:一是"地方高校"主要指 1999 年以来通过"专升本"途径升格的本科高校（时称"新建本科院校"）,该类本科高校由于办学历史短、发展速度快,所呈现的"专业同质化、大学毕业生就业难"等问题最为突出;二是"转型发展"一词主要借用了当时我国产业经济领域提出的"调整结构、转型升级"概念,试图借用"转型发展"实现高等教育与产业经济的有效衔接,进而提高应用型人才培养质量、应用型科学研究和社会服务能力。

2013 年 6 月,在教育部的指导下,由百余所地方性普通新建本科院校在天津职业技术师范大学发起成立了"应用技术大学（学院）联盟"。该联盟的成立,极大地推动了地方高校的转型发展教育教学改革活动,众多新建本科高校相继加入地方高校转型发展教育教学改革活动。2013 年 10 月,黄淮学院项目组推出《地方高校转型发展工程研究报告》;同年 12 月,我国教育科学研究院项目组也推出《欧洲应用技术大学国别研究报告》。2014 年 1 月,应用技术大学（学院）联盟推出《地方本科院校转型发展实践与政策研究报告》。三大报告的出台，为地方高校转型发展教育教学改革活动提供了一定的理论基础。

地方高校转型发展教育教学改革活动顺应了我国实行"创新驱动发展战略"的需求。2012年，党的十八大报告强调要坚持走中国特色自主创新道路，实施创新驱动发展战略。"创新驱动发展战略"强调人才和技术，高校是各个地方高层次人才和高水平科技的聚集地，中央和地方各级政府迫切希望高校在"创新驱动发展战略"中发挥更大的作用，因此，地方高校转型发展教育教学改革活动受到了党中央、国务院的重视。2014年2月，国务院作出"引导一批普通本科高校向应用技术型高校转型"的重大部署。2014年4月，第一届"产教融合发展战略国际论坛"在河南省驻马店市举行，来自全国178所新建本科院校的校长、中央及省市政府领导、全国著名企业领袖，以及德国、英国、芬兰、印度、荷兰等国家的专家学者共700余人参会，论坛围绕"建设我国特色应用技术大学"主题展开了热烈的学术探究，并一致达成了在我国新建本科院校转型发展征程中具有里程碑式意义的《驻马店共识》。

第一届"产教融合发展战略国际论坛"之后，各省根据实际，先后遴选了一批"转型发展示范校"（应用技术大学建设示范校），由各省人民政府设立专项资金进行重点扶持，希望地方高校在各地的创新驱动发展过程中发挥更大的"社会服务"高校功能。以河南省为例，河南省委、省政府于2014年决定设立4亿元专项资金，重点建设黄淮学院、许昌学院、周口师范学院、黄河科技学院、商丘师范学院、洛阳理工学院、平顶山学院、河南工程学院、南阳理工学院、南阳师范学院等10所示范校。工业经济较为发达的江苏、浙江、广东等省份，对"示范校"的财政支持力度更大，如应用技术大学（学院）联盟副理事长单位东莞理工学院，因在转型发展过程中表现突出，获得广东省级财政35亿元专项资金、东莞市政府15亿元专项资金。

2013-2014年，地方高校转型发展教育教学改革活动总体上处于"教改摸索阶段"，教育教学改革举措主要集中在校企合作办学模式、应用型专业结构性调整、实践教学模式创新、"双师型"师资队伍建设、应用型课程建设、应用型教材建设、应用型科研模式创新以及社会服务模式创新等方面，尚未上升到"产教融合"的高度。由于绝大多数新建本科高校脱胎于"专科学校"，很多教师习惯于"备课—上课"工作节奏，对"校企合作开展应用技术研发项目、校企合作开展应用型教学项目"有一定的畏难情绪，加之教育界广泛存在"转型发展"与"职业教育"的学术争议，这一时期的改革活动尽管表面上轰轰烈烈，但来自各方面的阻力比较大，取得的改革成果相对有限。

（二）产教融合：地方高校转型发展的理论升华

我国"产教融合"核心教育教学理念的形成是一个渐进的过程（2014–2017年）。"地方高校转型发展"只是一种高等教育教学改革形式，而应用型本科高等教育的核心内容是"产教融合"。我国的"地方高校转型发展"希望构建具有我国特色的应用技术型大学，即引导一批地方普通本科高校由"理论教学型高校"向"应用技术型高校"转型发展。对于该类型本科高校办学的核心理念，各国均有自己的特色表述，如德国的"双元制"（高校与企业合作）模式、英国的"三明治"模式、瑞士的"三元制"模式、美国的"CEB合作教育制"模式、日本的"产学官"模式、澳大利亚的"TAFE"模式 2 等，我国也需要凝练自己的特色模式。

基于我国是一个"大政府"国家，政府在高等教育改革中具有举足轻重的地位。2013–2014 年，我国应用型高等教育或"地方高校转型发展"的核心理念是什么？学术界在"校企合作""工学结合""产教结合""产学研合作""产学结合"等众多热词中，要选择一个能被各级教育界专家和广大教师共同接受的核心教育理念，并不是一件容易的事情。恰逢 2014 年 5 月国务院出台了《关于加快发展现代职业教育的决定》，其中明确要求："深化产教融合、校企合作，培养数以亿计的高素质劳动者和技术技能人才。"教育部学校规划建设发展中心原主任陈锋认为，党的十八届三中全会决定在过去"产教结合"的基础上提出"产教融合"的教育思想和教育观念，就是要改变传统的教育与产业联结方式，就是要在当前高新技术革命背景下实现现代教育制度的重大创新。至此，"产教融合"模式成为与德国"双元制"模式、英国"三明治"模式并驾齐驱，具有我国特色的应用型高等教育教学理念。

2015 年 10 月，教育部、国家发展和改革委员会、财政部三部委联合下发的《关于引导部分地方普通本科高校向应用型转变的指导意见》（教发〔2015〕7 号），标志着新建本科院校"转型发展"的数年努力最终得到了国家的认可和政策的支持，我国应用型高等教育改革进入"产教融合"发展阶段。

二、"产教融合"与中国职业教育类型

从"转型发展"到"产教融合发展"，我国应用型本科高等教育和高等职业教育继续推进实践探索与理论创新。2019 年，我国应用型高等职业教育改革进入"类型发展"阶段。

（一）产教融合发展战略国际论坛

"产教融合发展战略国际论坛"是我国地方高校"转型发展""产教融合发展""职业教育类型发展"的主阵地。该论坛由教育部学校规划建设发展中心、中国职业技术教育学会、中华职业教育社、应用技术大学（学院）联盟和中国教育国际交流协会联合主办，河南省教育厅、驻马店市人民政府和黄淮学院具体承办（第二届增加一次秋季论坛，由江苏省常熟市、常熟理工学院承办），每年一届。

各届论坛举办期间，教育部原副部长鲁昕、教育部学校规划建设发展中心原主任陈锋都亲临会场，指导论坛的具体事宜。每届论坛的参与者既有来自教育部、各省市人民政府官员，也有来自中兴、华为等企业的 CEO 及应用型本科高校的书记、校长等管理人员，还有来自德国、芬兰、印度、英国、美国等

20 余个国家的大学校长。各届论坛的主题都紧扣时代脉搏,谋划中国"产教融合"教育教学改革。该论坛的成功举办,对我国"转型发展"和"产教融合发展"等应用型高等教育教学改革起到了巨大的推动作用。

(二)"产教融合"教育教学改革活动

2015-2018 年是我国高等教育和高等职业教育大规模"产教融合"教育教学改革期。2013 年至今,"转型发展""产教融合发展""职业类型教育发展"始终相互交织,各有侧重。2013-2014 年,教育界关注的重点是地方高校"转型发展"。2015 年 10 月,教育部、国家发展和改革委员会、财政部出台的《关于引导部分地方普通本科高校向应用型转变的指导意见》明确指出:"建立产教融合、协同育人的人才培养模式。"2015 年 10 月是一个时间节点,从此以后,教育界的关注点从"转型发展"转向"产教融合",即围绕"产教融合"开展应用型教育教学改革。

如果说地方高校"转型发展"注重"校企合作",那么地方高校"产教融合"更注重"校地融合、校行融合、校企融合、校社融合、校际融合"。简单的"校企合作"往往适合高校理工科专业的应用型教学、科研和服务活动,而宏观的"产教融合"则适合高校文科、理科、工科所有专业的应用型教学、科研和服务活动,使地方高校文科师生的政策咨询服务(智库服务)、文化传承与创新服务有了政策依据。从 2015 年开始,地方高校的教育教学改革发生了微妙变化。

一是产教融合探索高校现代治理模式,即从松散的"校企合作联盟"模式逐渐向紧密的、实质性的"产教共治"模式转变。重点建设学校层面和院系层面的理事会(董事会),理事会成员包括政府官员、行业领袖、企业管理或技术人员。其间,各高校建立了大量的"行业二级学院"(或称为"产业二级学院"),如黄淮学院在这一时期相继建立了昊华骏化学院、中集华骏智能制造学院、农产品加工学院、嫘祖服装智能制造学院等 7 个特色产业二级学院。

二是产教融合进行应用型专业改造，即围绕地方主导产业、特色产业调整专业结构，优化专业布局，积极发展与地方主导产业、特色产业和战略性新兴产业关系密切的应用型专业。

三是产教融合开展应用型人才培养，即校地互动、校企合作大规模开展应用型人才培养方案修订工作、实践教学工作、打造应用型"金课"工作，进行"课堂革命"。

四是产教融合共同开展应用型课程建设。"应用型课程建设"被认为是产教融合教育教学改革的突破口，各高校均围绕产业链、专业链、创新链相衔接原则建设了大量基于"模块化"的应用型课程及应用型新教材，突出了课程内容的实践板块和创新板块。

五是产教融合共同开展"双师""双能"型师资队伍建设。一方面，根据实践教学需要，规模性外聘行业、企业专职教师；另一方面，规模性派遣学校专业教师到行业、企业接受产业技术锻炼。

六是产教融合开展应用技术研发，即扭转原来"职称科研、理论科研为主"的局面，重点加强横向科研（应用科研、实用科研）。

七是产教融合共建协同创新平台，即校地互动、校企合作共建、共治、共管、共享协同创新中心，如许昌学院与地方政府、地方企业联合成立了智能电网、超硬材料制品、发制品生产工艺与生产设备研发等17个协同创新中心，围绕企业技术需求开展联合攻关，并取得了许多应用科研成果。

八是产教融合共同探索产教融合的体制机制。2017年，国务院办公厅下发了《关于深化产教融合的若干意见》后，各地方高校积极投身于"产教融合型城市"和"产教融合型企业"建设活动，与地方政府和地方企业合作共建紧密型、实质性的"产教融合命运共同体"。最突出的成果是地方高校建立的"地方产业创新发展研究院"，该新型研究院是典型的"政府主导、行业指导、企业和高校主体及社会组织参与""五位一体"的产教融合管理体制和运行机制。研究院的主要领导由市级主要官员、地方行业领袖担任，研究项目资金由市级政府和高校、企业共同出资，研究项目均来自地方行业、企业急需的应用技术和热点难点问题。教师带领学生"组团"参与行业、企业的应用项目，学生在"双导师"指导下进行应用技术研发、技术推广、社会调研、智库决策、文化传承与创新等项目。

总而言之，2015–2018 年，绝大多数地方高校进入实质性的产教融合教育教学改革阶段，并取得了显著成绩。

（三）职业教育类型：产教融合教育教学改革的理论升华

2019 年是我国应用型高等教育和高等职业教育改革的另一个重要节点。1 月，国务院正式颁布了"职教二十条"，明确提出："职业教育与普通教育是两种不同的教育类型。"我国地方高校"产教融合"教育教学改革增加了新的改革内容，标志着"深化产教融合"步入"职业教育类型建设"的时代。

既然"职业教育类型"是"产教融合发展"的产物，那么对产教融合进行明确定义自然是必要的。我们认为，无论从理论角度来看还是从实践角度来看，"产教融合"的概念都有广义与狭义之分。广义上说，"产教融合"就是教育与产业融合发展的过程；狭义上说，"产教融合"就是高校、企业与政府、行业以及其他社会组织围绕人才培养、技术研发与推广、职业技术培训、就业创业等开展的教育界与产业界一体化协同发展。广义上的"产教融合"在"教育与生产劳动相结合"的教育方针指导下，包括从小学、中学到大学，乃至"大学后"整个职业技术教育过程，即终身教育过程。不仅大学教育需要"产教融合"，中小学教育、职业技术教育和"大学后"职业技术教育也需要"产教融合"。概言之，由"产教融合"的科学内涵可以推导出"职业教育类型"这一逻辑结果。

近几年，我国一般把"产教融合、校企合作"并列表述，主要目的是避免人们对"产教融合"产生模糊认识，进而偏离"校企合作"的主轨道。实际上，"产教融合"与"校企合作"本身不是并列关系，而是包含关系，即产教融合包含"校企合作"，"校企合作"只是"产教融合"的核心内容，"产教融合"还包含"学校与政府融合""学校与行业融合""学校与社区融合""学校与社会组织融合"等，而且包含"大学后的职业技术培训"和"终身职业技术教育"。"产教融合"与校企合作的层次不同，"产教融合"属于宏观层次，校企合作属于中观层次，工学结合属于微观层次。

　　"职业教育类型建设"是"产教融合"教育教学改革的应然逻辑。一方面，"职业教育类型建设"是"产教融合"教育教学改革的组成部分，准确地说，"职业教育类型建设"是"产教融合"教育教学改革的主要任务之一；另一方面，加强"职业教育类型建设"，促进深化"产教融合"教育教学改革。认识到职业教育与普通教育类型不同、地位相同，有助于我们正确地认识职业技术教育的重要性，进而促进深化"产教融合"教育教学改革。

第二章　技工院校职业教育

第一节　技工院校的概念和意义

我国是制造大国，但距离制造强国还有一段较长的路要走，这就需要培养更多的高质量技术技能人才，以应对经济社会发展带来的挑战。全国职业教育大会创造性地提出了建设技能型社会的理念和战略。我们要高举"技能型社会"这面旗帜，加快构建面向全体人民、贯穿全生命周期、服务全产业链的职业教育体系，加快建设国家重视技能、社会崇尚技能、人人学习技能、人人拥有技能的技能型社会，让技术技能"长入"经济、"汇入"生活、"融入"文化、"渗入"人心、"进入"议程。技工院校职业教育是职业教育的重要组成部分，是非学历职业教育的主导，对提高公民的技术技能和促进就业及经济社会发展具有重要意义。未来技工院校的发展壮大，将在我国向制造强国迈进过程中发挥至关重要的作用。

当下，社会对技工院校的认知还不够全面，职业教育的管理者对技工院校的认知也比较肤浅。因此，有必要对技工院校的概念、作用、发展历程、办学模式等加以明确。

一、技工院校的概念

技工院校是对技工系列不同层次学校的总称，由人力资源和社会保障部门统一管理，同时接受当地教育行政部门的业务指导，主要招收对象是完成义务教育的应往届初、高中毕业生，有学习技能愿望的各类适龄辍学者、退伍军人、下岗失业人员等，培养目标是使学习者掌握一门实用型技能，进而成为业内技术能手，因而在课程安排上强调动手实操能力。毕业颁发人力资源和社会保障部门印制的技工院校毕业证书和职业资格证书。学制较为灵活，根据不同专业、不同学习层次逐步提升，一般在 2 年以上，实行入学注册制和分阶段注册制。

从概念上可以看出，技工院校与一般学校相比有以下不同点：

（一）管理部门不同

技工院校的管理部门是人力资源和社会保障部门，非教育行政部门，教育行政部门只对其办学进行业务指导。按照责权利相统一的原则，人力资源和社会保障部门享有对学校办学层次、标准、学制规模、评价体系、人事、财务、教学、教材开发等方面的管理权利，同时承担建设学校、筹措教育经费等方面的义务。

（二）招收对象不同

技工院校的招收对象一般是应往届初、高中毕业生，有学习愿望的社会不同群体，包括辍学者、退伍军人、下岗失业人员、农民工等，学习者不需要参加任何形式的考试即可入学，招生范围非常广泛，对年龄没有特别要求。

（三）招生方式不同

技工院校由于没有纳入地方中招计划平台，一般由学校自主招生，学校给教师分配一定的招生任务指标，动员全体教职工招生。

（四）培养目标不同

技工院校主要培养实用型技能人才，与学历职业教育培养的目标一致。但是它更注重实践操作技能的培养，以培养技术工人为主，一般不培养应用型、创新型科学研究人才。

（五）颁发的证书不同

由人力资源和社会保障部门和技工院校给技工院校毕业生颁发毕业证书与职业资格证书。毕业证书是学生学习层次的体现，职业资格证书是学生专业技能水平的体现。

（六）学制不同

技工学校的学制根据专业和学习层次确定，一般中级工学制是 2 ～ 3 年，如烹饪专业中级工 2 年；高级工学制一般是 4 ～ 5 年；预备技师（技师）学制一般是 6 ～ 7 年。中等专业学校学制一般为 3 年，专科学校学制一般是 2 ～ 3 年，本科学校学制一般为 4 年。

二、发展技工院校的重大意义

（一）发展技工院校是实施科教兴国和人才强国战略的重要途径

技能型人才在推进自主创新方面具有不可替代的重要作用。可以说，没有一流的技工，就没有一流的产品。现在，我国技术工人特别是高级技工还较为匮乏。技工院校应当发挥自身的教育力量，引导学生们刻苦学习文化科学知识，潜心钻研专业技能，努力成为高素质技能型人才，以更好地推动我国相关技术的进步及社会的良性发展。

（二）技工院校教育是促进教育公平的重要手段

技工院校教育因入学门槛低，生源广泛，学习形式灵活，强调动手实操，使很多偏好技能但文化水平较低的适龄学生、辍学的学生再次获得了教育机会，点燃了他们心中的希望之灯。

（三）发展技工院校教育是解决教育主要矛盾的重要途径

"人才有高下，知物由学。"技术技能人才培养也需要学习和教育。发展技工院校是充分培养技术技能人才的迫切需要。近年来，全国省、市各级教育主管部门先后制定了 1∶1 职普比例目标，这是发展职业教育，鼓励愿意学习技能的孩子发展个性、学习掌握一门技能的重要举措，成为解决教育发展不平衡、不充分问题的重要途径。

（四）发展技工院校教育是教育供给侧结构性改革的重要途径

当前，高等教育和中等专业学校教育所培养的人才并不能满足社会对各类人才的需求，尤其是社会对技术技能型人才的需求，需要发展技工院校来满足社会对技术技能型人才的需求，更好地服务经济和社会发展的需要。

三、技工院校的办学层次

技工院校办学层次可以分为技工学校、高级技工学校和技师学院三级。三个层次的技工院校有不同的办学模式。

（一）技工学校

技工学校是办学层次最低的技工院校。技工学校实行学制教育与职业培训并举、学校教育与企业培养相结合的办学模式。技工学校培养适应现代化生产、服务需要的中级技工，同时面向社会开展各类职业技能培训，并承担职业技能鉴定和就业服务等任务。

（二）高级技工学校

高级技工学校是比技工学校高一级的技工院校。高级技工学校实行学制教育与职业培训并举、学校教育与企业培养相结合的办学模式。高级技工学校培养适应现代化生产、服务需要的中、高级技工，同时面向社会开展各类职业技能培训和师资培训，并承担职业技能鉴定和就业服务等任务。

（三）技师学院

技师学院是办学层次最高的技工院校。技师学院实行学制教育与职业培训并举、学校教育与企业培养相结合的办学模式。技师学院重点培养适应现代化生产、服务需要的高级技工、预备技师，同时面向社会开展各类职业技能培训和师资培训，并承担企业技师和高级技师的提升培训与研修交流、考核鉴定与评价等任务。

第二节　技工院校高质量发展

在 21 世纪，促进技工院校高质量发展，以适应经济社会发展对技工教育和职业教育的要求，这是一个重大课题，需要学术界加强研究，需要政府及其职能部门和社会各界大力支持，需要技工院校自强不息、勇于革新。

一、党和国家加大了对技工院校的支持力度

2022 年 3 月 22 日，人力资源社会保障部召开推进技工院校落实党组织领导的校长负责制电视电话会议。会议强调，要将党的全面领导、党的建设和全面从严治党要求贯彻到技工教育改革发展和日常工作中。要健全体制机制，切实发挥技工院校党组织领导作用，强化党建引领，推动技工教育高质量发展。要加强党对教育的全面领导，就是要在发展技工院校中"确保党组织履行好把方向、管大局、作决策、抓班子、带队伍、保落实"。"把方向"就是要把好技工院校的社会主义办学方向，坚持马克思主义的指导地位，牢牢把握正确的办学方向，确保培养出社会主义事业的合格建设者和可靠接班人；"管大局"就是要管好技工院校改革发展稳定的大局，科学谋划学校发展大事；"作决策"就是要分析和研判技工院校发展的具体国情、社情、校情、教情、学情等，做到科学决策、民主决策；"抓班子"就是要抓好技工院校领导班子的思想建设、组织建设、作风建设、纪律建设、制度建设等；"带队伍"就是要选好、用好、培养好技工院校的干部队伍；"保落实"就是通过教学管理保证落实技工学院立德树人的根本任务。

政府是技工院校的办学主体，也是技工院校的管理部门。各级政府要树立大职教思想，要充分认识发展壮大技工院校的重要性，制定政策，综合协调教育行政、人力资源和社会保障等部门，监督落实对技工院校的支持，不能让党和国家的政策束之高阁。

2016 年 12 月，人力资源和社会保障部在其印发的《技工教育"十三五"规划》中提出："技工院校中级工班、高级工班、预备技师（技师）班毕业生分别按相当于中专、大专、本科学历落实相关待遇。" 2017 年 12 月，河南省第十二届人民代表大会常务委员会第 32 次会议审议通过了《河南省职业培训条例》（以下简称《条例》）。《条例》是我国省级层面制定出台的第一部有关职业培训的地方法规。《条例》规定："全日制技工院校中级工班、高级工班、预备

技师（技师）班毕业生分别参照中专、大专、本科学历，在公务员中招录、在企业事业单位人员中招聘以及确定工资薪酬、职称评定、职位晋升等方面享受相关待遇。"2018年10月，湖南省人民政府办公厅出台了《关于加强技能人才培养建设技工大省的意见》，意见指出："技工院校中级工班、高级工班、预备技师（技师）班毕业生，分别按中专、大专、本科学历落实相关待遇，同等参加职称评审（考试）、公务员招考、企事业单位招聘、应征入伍、确定工资起点标准等，并按规定享受相关就业创业补贴政策。"2019年2月，国务院印发的《国家职业教育改革实施方案》提出："积极推动职业院校毕业生在落户、就业、参加机关事业单位招聘、职称评审、职级晋升等方面与普通高校毕业生享受同等待遇。逐步提高技术技能人才特别是技术工人收入水平和地位。机关和企事业单位招用人员不得歧视职业院校毕业生。国务院人力资源社会保障行政部门会同有关部门，适时组织清理调整对技术技能人才的歧视政策，推动形成人人皆可成才、人人尽展其才的良好环境。"

此外，国务院要求政府相关部门进一步落实国家对技师院校的相关政策。近几年，为促进技工院校的发展，培养更优秀的技术人才，国家相关部门进一步加大了对技工院校的支持力度。

二、技工院校要借助"双高"东风，优化专业设置

2019年4月，教育部、财政部联合发布了《关于实施中国特色高水平高职学校和专业建设计划的意见》。该意见指出：到2035年，我国一批高职学校和专业群要达到国际先进水平，并提出集中力量建设50所左右高水平高职学校和150个左右高水平专业群的具体建设计划，即"双高计划"。"双高计划"引领职业院校办学理念的变革。面对新经济、新技术带来的生产技术、组织模式的快速变化，除培养服务区域发展的高素质技术技能人才外，重点服务企业特别是中小微企业的技术研发和产品升级成为高职学校办学功能的重要延伸。

这需要技工院校在专业建设方面聚焦中小微企业生产工艺等应用性研究，探索符合自身特色的技术创新模式，成为区域产业优化升级的重要创新源、技术源和人才源，使技术创新成为学校发展的内在基因，探索技术创新与教育教学的有机互动模式，以技术创新反哺教学，实现技能人才与技术创新的集成供给，形成"技术创新、人才培养、社会服务、文化传承"有机互动的职业院校办学模式。

"双高计划"推动职业院校现代治理能力提升。以学校为主体的职业教育体系，决定了产教融合、校企合作质量对职业教育标准构建起决定性作用。这需要中国特色高水平高职学校不断创新深化产教融合、校企合作，吸引社会力量以多种形式创办职业院校或参与职业院校办学，积极打造学校与社会、科研生产与教学、内部资源与外部资源互为交融的开放式无边界组织模式，不断优化和完善治理结构与机制，加强院校自身的能力建设，推动企业高水平参与，实现企业参与职业教育和企业自身利益同频共振，推动形成校企命运共同体。

技工院校要借助"双高"东风，紧跟地方的产业发展、市场需求、职业、行业、就业等优化专业设置，而不是未经充分论证就匆忙开设新专业。有些专业固然有较好的发展前景，但在学校所在区域未必有需求市场。淘汰那些招生人数少、就业前景差的旧专业，不能因为担心教师没课上就要保留这些旧专业。要逐步形成自己的重点专业、优势专业、特色专业和品牌专业。不能人云亦云，要实现错位发展，做到"人无我有，人有我优，人优我精"。技工学校在专业建设上，要注重专业集群的发展，"一花独放不是春"，专业集群各专业之间相互支撑、互为补充，可形成协同发展体系。

三、改善教师结构，提高教学水平

教育大计，教师为本。国家繁荣、民族振兴、教育发展，需要我们大力培养造就一支师德高尚、业务精湛、结构合理、充满活力的高素质专业化教师队伍，需要涌现一大批好老师。首先，针对技工学院教师学历结构、职称结构、年龄结构、专业结构等存在的问题，技工院校要统揽全局，梳理情况，有的放矢地予以改造。技工院校要组织人事、教务、教学等部门，对教师的年龄结构、职称结构、知识结构、学历结构、专业结构、发展方向等全面摸底排序。哪些人才是短期要解决的，哪些人才是长期要解决的，哪些教师可以一专多能跨学科发展，哪些教师要作为骨干、学科带头人来培养。列出时间表、制订任务书，按时逐项解决。其次，要出台激励政策，鼓励教师发展。出台关于鼓励教师跨专业发展以及提高学历的优惠政策，激励青年教师向交叉专业发展，一专多能，解决中长期师资问题。再次，要建立不同职称、不同年龄、不同层次协同发展的格局。高、中、低技能层次，老、中、青年龄层次，互带互帮互学，避免出现人才断层现象。最后，要及时招聘社会高技能人才和学历较高的硕士、博士研究生，引领专业发展。

针对"双师型"教师匮乏问题，可以采取以下措施：一是立足于挖掘培育本校教师队伍，特别是在外出学习期间的有关费用、学成后待遇、职级晋升等方面给予政策支持。二是制定参赛选手培养标准。选拔培养个别优秀在校生参加国家级、省级大赛，对取得相应名次的学员，争取留校任教。三是引进行业、企业的能工巧匠，设置特岗教师岗位，提高待遇级别。

总之，学校要树立正确的人才观。人才不是天生的，通过培养，人人皆可成才，人人皆是人才。

四、落实招生政策，创新招生方法

为促进技工院校发展，技工院校要扎实做好招生工作，落实相关部门出台的招生政策。各级人力资源和社会保障部门要与教育部门加强协调配合，加强对技工院校招生工作的组织领导和统筹协调。

技工学院要发展，不能一味地"等靠要"。技工院校要建立招生信息员队伍，深入初中、高中开展招生宣传，充分利用街道社区、乡镇劳动保障平台和公共就业服务机构开展招生工作。此外，要主动与企业合作开展联合培养，改变学制和学习方式，通过半工半读的形式招生，落实招生即招工政策，让企业员工在不影响工作的前提下，既能提高技能又能提高学历。当然，还可以以招工的方式招生，与企业签订联合培养协议，安排毕业生到企业工作。

五、技工院校要借鉴先进的教学模式

"他山之石，可以攻玉。"技工院校要借鉴国内外先进的教学模式，为我所用。

（一）借鉴国外先进的职业教育模式

为提高教学质量，世界各国不断探索职业教育教学模式，逐步形成了一些独特模式。技工院校可以借鉴美国的社区学院教学模式、英国的"三明治"教学模式、德国的"双元制"教学模式等。

1. 社区学院教学模式

美国职业教育的一大亮点是建立了较多的社区学院。社区学院，顾名思义，就是在社区建立的学院，主要是为了方便市民学习，市民可以在社区学院选择自己喜欢的课程，学习时间也比较自由。对于成绩合格者，社区学院向其颁发学历证书。

2. "三明治"教学模式

英国的"三明治"教学模式，可分为"厚三明治"模式和"薄三明治"模式两种。总体来说，这是一种"理论－实践－理论"人才培养模式。"厚三明治"模式是指学生入学前先在工厂企业工作 1 年，后 3 年在课程的安排上着重实践性，总学制为 4 年。该模式学制灵活，注重训练过程向培训结果的转化。"薄三明治"模式以工、读交替的形式安排教学计划，学生一般第一学年在校学习，第二、第三学年则会被安排前往工厂企业实习，第四学年再回到学校学习，总学制也是 4 年。两种"三明治"模式的共同点是：学生都需要在最后一年回到学校完成学业。

3. "双元制"教学模式

德国的"双元制"教学模式是企业和大学合作开设专业，大学负责理论教学，企业负责实践教学。在大学和企业之间有专门的沟通人员，确保大学的理论教学和企业的实践教学完美地结合。

（二）借鉴国内先进的教学模式

1. 深圳技师学院依托"六技平台"打造育人高地，创新技能人才培养模式

"六技平台"，即技能精英计划、技能节、技能俱乐部、技能竞赛、技师工作站、技能大师工作室，着力提升学生的职业技能和职业素质，培养复合型、创新型、国际型高技能人才。

2. 盐城技师学院校企合作"五共同"人才培养模式

盐城技师学院与行业、企业共同进行招生宣传、共同制订教学计划、共同选择教学内容、共同实施教学过程、共同进行教学评价，形成校企互动、合作双赢的校企合作新机制。

3. 嘉兴技师学院校企协同育人的现代学徒制

嘉兴技师学院在嘉兴市机器人与智能装备协会的领导下，以市场需求为导向，主动对接地方企业，以工业机器人跨企业培训中心项目为载体，深入实践现代学徒制人才培养模式。

4. 广州市机电技师学院的"工作室＋学习站"人才培养模式

广州市机电技师学院在进行实践教学时，以企业的真实项目，结合校企合作、工学交替的教学模式，打破了传统的以教师、书本和课堂为中心的，教师单向灌输、学生被动接受的教学模式。这种"工作室＋学习站"的新型教学改革模式，除了上课时间可以在学习站学习外，学生还可以利用课余时间参与工作室的实际项目，提高技能水平，学习企业的项目流程。

技工院校可以借鉴上述国内外先进教学模式，根据自身实际情况，在不同专业、不同课程上采用不同的教学模式。另外，随着教学模式的改变，教学内容也会同步进行更新，可谓"一箭双雕"。

六、多措并举，加强学生综合素质的培养

首先，技工院校要做好顶层设计，要确立"德技双修、以德为先"的人才培养目标。其次，在课程设置上，要把职业道德、思想道德修养、法制教育、美育等课程设置为必修课。再次，教师在教学过程中，要强化德育培养。最后，全校各单位要在管理中育人、服务中育人，营造良好的育人环境。此外，学生管理部门要充分发挥育人功能，举办各类竞赛活动，激发学生的爱国之情，锤炼学生的意志和品格，增强学生的团结进取之心。

七、深化校企合作，多渠道开展培训活动

技工院校要深化校企合作，多渠道开展培训活动，努力打造贫困地区劳动力转移就业培训基地、企业职工技能提升培训基地、退役士兵专业技能培训基地、下岗失业人员再就业培训基地等就业保障基地，为各类人员就业提供机会和技术支持，服务经济发展和社会稳定。

（一）采用"订单培养"方式，开展就业培训

技工院校要根据企业的人才需求规格，改革教学计划，调整教学内容，为待就业人员开展就业培训。按照综合素质能力、专业基础能力、职业核心能力、专业技术应用能力、职业岗位能力、就业顶岗生产能力构建全新的教学模块，形成模块化课程体系，满足企业生产需要。企业要为学员校内学习提供奖学金，校外实习提供设备、场所和技术指导人员，接收毕业生就业，达到学校、

学员、企业三方满意的效果。

（二）与企业联合招聘学员，开展"企业冠名班"学员培训

技工院校要利用校内实习实训场所和设备，吸引企业参与生产和教学，企业技术人员负责产品的技术生产管理和指导，按照教学计划让学员交替参与生产过程，让学员在生产中了解和掌握加工工艺、装配程序、设备使用、产品检验、包装等技术。同时，可开展"企业冠名班"培训。一方面，学员能获得一定的劳动报酬，减轻其经济压力，大大激发其学习的积极性；另一方面，学员到企业后能较快地适应企业的用工要求，减少企业的培训成本，实现学校培养与企业用工需求的无缝对接，实现学校和企业的双赢。

（三）深度参与教学活动，提高企业员工理论水平

为实现学校教学与企业生产的统一、做好理论教学与实践教学的有效衔接，学校要与合作企业共同制订教学计划，科学安排教学进程，合理实施技能教学，校企双方共同规划、共同实施、共同管理。按照基础能力、核心能力、职业岗位能力、职业技术应用能力、顶岗生产能力形成模块化课程体系，由学校教师和企业技术人员分段完成人才培养任务，实现培训考核分工协作、分阶段独立实施的人才培养机制。

（四）送教上门

学校、企业要合作加强员工的技能培训，通过校企协商，制定针对性的培训方案，结合实际进行专业技术知识的讲授和辅导，现场解答员工的问题。在不影响正常生产的前提下，学校教学人员要通过与企业技术人员的沟通交流，提升企业员工的技能，提高员工解决实际问题的能力，以取得更好的培训效果。

第三章　职业教育的教学方法

第一节　职业教育的教学原理

一、教学的概念与内涵

（一）教学概念的形成

1.教育的本质

教育是人类特有的一种生存方式，人类有思维、语言、文字，所以有历史，可以将自己在生产和社会生活中获得的知识、经验、技能积累下来并传递下去。所以，人类不是依靠遗传的本能生存、繁衍和发展的，而是依靠生产技术知识、社会生活知识的积累与传递来延续社会的生存与发展的。要从事生产劳动就必须学习，劳动力的再生产是社会生存的必要条件，教育和训练又是劳动力再生产的必要条件。因此，在人成为人之时，就存在教育，有教育当然就存在教与学的活动。但最初的教与学没有从生活和劳动中分离出来，没有明显的师与生，因而也没有"教学"的概念。教学概念的形成，应在学校产生之时。

2. 学校的本质

学校是人类在长期教育实践中创造出来的，是社会精心策划的、由专职人员主持的、为教育与培养下一代而设的专门机构。生产力的发展和体脑大分工的完成，开始使极少数的儿童能够摆脱为养活自己而进行的生产劳动，为了实现社会以最有效的方式，在有限或限定时间内（如成人之前），达到一定要求的培养目标的目的，所以产生了学校。由于学校的产生，就有了师与生，有了教与学，也就产生了教学的概念。

3. 教学的本质

由于人类积累的经验越来越多，越来越复杂，不经过总结、归纳、选择，由专职专业人员采取一定的方法手段进行传授，就难以在一定的年龄段和时间内达到培养目标，因而在学校中产生了有别于一般认识活动的教学活动。教学是为了达到教育目标而采取的途径或方式，是为完成教学任务而采用的师生协调活动的方法体系。商代甲骨文是我国最早有关教学的文字记载，甲骨文中多次出现"教""学""师"等字。我国最早的教育论著《学记》，已对教学活动，如学习内容、修业年限、师生关系，以及教与学、学与习的规律，教学方法，考核标准等进行了比较全面的论述。

（二）教学观念的发展

由于学校和教学产生的时代背景和现实目的，及以往教学条件的制约，一般教学专著将教学定义为：教学是教师教、学生学的统一活动。在这个活动中，学生掌握一定的知识和技能，同时，身心获得一定的发展，形成一定的思想品德；或者教学是在教育目标的规范下，教师的教与学生的学共同组成的一种教育活动，即大家一致认同教学是师与生的双边活动，通过教学活动使学生得到成长。但在传统的教学观念中，更注重教师的传授和学生的习与行这样一种线性的单向教学与培养，较少或不考虑学习者自身如何能自主掌握知识和技能。随着社会生产力的发展，特别是传播媒体的进步，这种观念已经开始发生变化。如今，人们对教育与教学的一些新认识，具体体现为以下几个方面：

第一，拓宽了教育与教学的范畴。所有指导学习的、有组织的及持续的交流，都可视为教育和教学，而不论是何种教育机构、以何种方式提供的教育。

第二，注意到受教育者自主获取知识与技能的现实的可能性（需求上的和技术上的），将学习者视为主动实现教学目标的"主体"，而不是受体的所谓"主体性"。因此，将"传授"改为"指导学习"，教师的职责从传授转变为指导，更多起着引导、激励和评价的作用。

第三，学习被认为是任何进步与提高。也就是说教育是让学生取得进步，这与在教学资源贫乏的情况下，学校教学具有选拔功能和淘汰作用，是完全不同的教学观念。那种以"分"划界，考试不及格就可以淘汰的教学将淡出教育范畴。现在各国的义务教育已是每个公民必须接受的教育。随着经济、社会、教育的发展，基础的职业教育或培训也将进入这一领域。这种观念还说明：学习的含义不仅是知识（更不仅是书本知识）的获得，也包括技术技能，以及其他方面的进步。

第四，扩展了教学内容和学习方式。教师和教科书不再是学校教学内容的唯一来源，学习涉及更广阔的内容，以及各种途径和媒介。

第五，目前的教学更加强调交流与互动。学生不是容器，只进不出。学生应在一种教师与学生、学生与学生、学生与其他媒体、学生与社会等相互交流的环境中进行学习，教学的绩效不是只看考了多少分，而要表现在受教育者行为上的改变。

（三）教学的内涵

根据上述对教学的观念，教学的内涵应包括以下方面：

第一，教学是一种特定的实践活动，由一系列教与学的活动组成，主要是一种认识活动和认识过程，是一个动态系统。

第二，教学是教师与学生双方面的共同活动，缺少任何一方都不能构成教学。但在教学活动中教师与学生双方的地位与作用是不同的。教师是执行国家教育方针、按照已定的教学目标、通过一定的教学手段和方法进行教学活动的教育者。学生是正在成长中的受教育者。因此,在教学活动中教师起主导作用，学生是学习任务的承担者和学习活动的主体。

第三，教学过程是促使受教育者身心发展的基本途径。任何教学都具有发展功能，学生借助教学形成自己的世界观、人生观、知识结构、能力结构、个性与人格特征。

第四，教学的构成要素为教师、学生、教材（教学内容）和教学手段。

（四）教学的功能与特性

1. 职业教育教学的功能

教学是学校的中心工作，离开教学，学校就失去了存在的依据。从总体而言，教学具有以下功能：

（1）传承：传道、授业、解惑。这是教学的基本功能，即将人类世代积累下来的知识、思想、技能通过教学活动传递给下一代。

（2）培训：培养、训练。通过教学的教育性和发展人的作用，培养学生科学的世界观、人生观，养成良好的道德品质和健康的体魄，获得基本的职业技能训练和学习、生活、就业的能力。

（3）养成：修养、习成。通过教学中学生的自主活动、自我学习和自我修养，"习与性成"，形成良好的学习习惯、工作态度、生活方式、职业技能和独立人格、合作能力等，达到全面素质教育的目的。外因必须通过内因起作用，没有学生积极与主动地练习、修养、自省、实践，教学就不能达到目的。

（4）创新：教学本身就是一种创造性的劳动,教师所面对的是生动活泼的,具有不同生活与学习背景、不同的个性特征和正在成长中的青少年。教师和学生都面临着不断变动的社会需求、日新月异的知识技能和多种的就业形势与需求，所以，一成不变的教学是不可取的，教学与创新总是联系在一起的。教学对学生而言其知识、行为、德行、技能诸方面的进步就是一种创新，所谓"好好学习，天天向上""苟日新、日日新、又日新"。对教师而言，是一个不断学习、改进和创新教学的过程，所谓"教学相长"。同时，由于职业教育的专业教育特点，在教学过程中教师和学生都能利用各自的知识和技能，在专业范围内进行创新或创业活动。

2. 教学的不可替代性

教学的不可替代性，指教学是师生双方共同的活动。从学习的类型上看是一种师生型，即教者为"师"，师须"学为人师，行为世范"；学者为"生"，是生生不息的、能动的发展主体。目前有一种看法，认为由于信息技术的发展，学生可以通过电脑程序、网络等进行学习，学习将摆脱现有的形式，人机型的、个别化的学习将取代师生型的教学。信息技术的发展将会引起教学的巨大变革，这是肯定的，但任何电脑都不可能代替教师在教学中所起的作用。教师本人特有的丰富知识和专业技能、能动灵活的教学策略、独特的人格魅力、教学中情感的感染与交流、言教与身教的风度与风范，以及一种和谐亲切的师生关系等在教学中所起的作用，是任何非人性的电脑所不能替代的。同时，学校特有的教育文化氛围，班级团组的集体效应，人与人之间交流的欢乐，社交公关能力的形成，合作能力的培养等，也是电脑或个别化的学习所不能替代的。

3. 教师角色的演变

上面谈到教学具有不可替代性，这是问题的一个方面；问题的另一方面是教师在教学中的地位和作用，以及相应的行为模式，并不是一成不变的，而是正在发生变化。教师的地位从古代的以门派为重，主要传授不得变动的"家法""师法"；发展到为以传授社会（或政府）认定的教学内容，以"传道、授业、解惑"为主，所谓"尊师重道""师道尊严"；现在又在变化了的学习条件下，逐渐转向"导"重于"教"。在教学活动中教师更多地应起着先行、启发、引导、激励、评价的作用；教师也不是全部知识和技能的占有者和传授者；策划、组织、管理学习，督促、检查、评价学习，将逐渐成为教师的工作重点。

在这个问题上，需要注意的是，一种事物的产生，要具备需要和可能两个方面的条件。如果没有现代生产条件的改变和职业的多变性，学习者掌握了教师给予的知识技能就能受用终身，学生就没有多方面学习的动力和愿望。如果没有充分的学习资源、学习手段、教学设备，学校不能具备学生学习所需的资料、设备、实习场地、学习条件，也谈不上教师角色的转变。

（五）职业教育教学的任务

教学任务决定于教育目的、学科特性、学生年龄特征、教学的时空条件。职业教育在这些方面都有自己的特点。职业教育的教学与普通中学教学的不同，或者说职业教育教学的特点首先体现在教学的任务上。职业教育的目的在于使学生取得某种职业资格，同时，给予学生今后发展的必要的知识与能力。因此，在学科上除基础文化学科外，均具有专业性、综合性；学生的年龄和对所学科目的选择具有更大的弹性；在教学的时空条件上与普通教育差异更大。所以，职业教育的教学任务是：传授和使学生掌握必备的文化科学基础知识和基本技能，培养职业综合能力；发展学生的智力和体力及职业所需的特殊智能和体能；传授专业知识、技能，培养学生定向的职业能力，以获得某种职业的初始上岗资格；培养学生正确的世界观、人生观、职业观，以及良好的职业道德与心理品质。

职业教育教学任务是教育和教学功能的具体化，它反映的是职业教育这一类型教育的功能，是一种价值的判断，因而适用于各类职业学校。

二、教学过程与教学原则

（一）教学过程概述

过程是事物发展变化的经历、历程。一种事物的发展，不仅是在时空中表面形态的变化程序，而且还包含事物发展变化的内因，内在的动力和依据，内在矛盾的发展。关于教学过程的构成要素，有繁与简的不同观点，最简约的是"三要素说"。该观点认为，教学过程由教师、学生、教材三角形组成，其理由是教学是教师教与学生学的共同活动过程，这种活动过程又以教材为中介。其他有"四要素说"——教师、学生、教材、教学环境；"五要素说"——教师、学生、教材、教学方法、教学环境；"六要素说"——教学目标、教师、学生、课程、教学方法、教学环境；"七要素说"——学生、目的、课程、方法、环境、反馈、教师。

（二）教学过程中应注意的问题

教学过程是一个动态的过程，可以采用教学策略来设计、监视和调控。教学过程中的主要矛盾是教与学的矛盾，从职业教育角度看，在教学过程中应注意以下问题：

1. 教学过程中的认知问题

教学过程是一个认识的过程，因而，它与人的一般认识规律是一致的，即由感性认识到理性认识，从实践到理论再到实践；从生动的直观到抽象的思维，再从抽象的思维回到实践。但是，教学又是一个特殊的认识过程，学生所学的是经过选择、整理、编排的简约化的知识和技能，从总体而言，这些知识和技能不是学生在自身自发的实践中获得的，教学也通常是从理论开始，再由理论到实际应用，这就增加了教学中认识的难度，也是教学与科学研究和一般人类认识的不同之处，构成了教学的特点。

在教学中认识活动的主要矛盾是学生如何学习间接知识的问题。如果学生不知道这些间接的理论知识与实际生活有什么关系，他们就会缺乏学习的动力，而知识又是形成学生技能和实际应用能力的基础，不知道是什么、为什么，也就不可能知道干什么、怎么干。从学生学的角度而言，从认知规律而言，任何间接知识的学习，都要以一定的感性认识为基础。

在职业教育的教学中，要通过教具、教学环境、现场等给予学生以典型的感性知识，理论联系实际，引导学生积极思维，达到理性认识。通过实验、实习达到比较完整的认识。职业教育中的工读交替方式、案例教学、现场教学、模拟教学等，对解决教学中的认知问题具有极其重要的作用。

2. 教学过程中的能力培养问题

教学过程中的能力培养问题是一个教学目标或价值取向问题。当前，比较公认的是职业教育的教学应以培养职业能力为基础。这里所说的能力不限于一般心理学意义上的能力，即人们成功地完成某种活动所必需的个性心理特征，而主要指的是具有胜任某种职业岗位或职业岗位群的（从业）能力。这里的"能力"强调的是对职业（岗位、岗位群）工作表现出的胜任和适应。潜在的含义是，如果表现出能够胜任某项工作的能力，即承认其具备了从事这个职业的知识、技能和思想品质等条件；反之，如果不具备这些知识、技能，也就不能表现出能够完成或胜任这个职业所要求的工作。职业教育所要求的不仅是能力的蓄积，而且是能力在实践中创造性地释放，因而，更具有客观的、可操作的评估标准。英国学者认为，能力是一个内涵和外延极广的概念，它代表着一个人在工作范围内能将技术、知识在新的形势下转换运用的能力。

能力的内涵包括些什么，目前的认识并不一致。从职业教育对能力的要求上看，主要内容是指职业岗位或岗位群所必需的知识、技能和态度。在对能力的分析中有三个维度：从工作角度侧重分析，是应具有的专业（技术、业务）能力；从劳动组织角度侧重分析，是应具有的管理能力；从职业转换、流动的角度分析，是对个人总体素质和综合素质的要求。概括起来讲，基本上包括以下三个方面：

一是从能力的内容上看，加拿大实行的是以能力为基础的职业教育，将能力分为知识、技能、态度、反馈四个方面，以这四个方面来确定某项能力的最终绩效目标，比较具有代表性。其中，除知识、技能、情感之外，加入的反馈一项十分重要，即要求学生对自己的学习负责，知道自己学什么、通过什么学习和怎么样学习，能分析自己学习的结果、认识的成就与不足，以及进一步再如何学习。这是在教学过程中培养学生学会学习的重要一环。

二是从能力所包含的基本要素上看，有三个基本要素：专业能力——从事职业的技能与知识，包括综合能力和专项能力；方法能力——从事职业活动所需要的工作方法和学习方法；社会能力——从事职业活动所需的社会行为能力，如职业道德、人际交往、公共关系、个人的思想品质等。

三是从能力的层次上看，可分为从业能力（就业性技能）——从事某种职业所必须具有的初始入岗能力或基本的任职能力；基础能力（关键能力、核心技能）——在具体的职业能力之外的、为从事任何职业都必须具备的通用能力。关于关键能力，各国提出的虽不尽相同，但大同小异。英国的国家资格委员会制定的国家基础职业资格认为，无论哪个领域、哪个级别的标准，都包含以下六种核心技能：交流表达、数字运算、信息处理、与人合作、自我提高、解决问题。这六种核心能力被认为是在未来从事任何职业都必须具备的通用核心能力。我国劳动部门根据我国的实际，提出我国青少年和职工应掌握的核心能力为交流表达能力、数字运用能力、自我提高能力、与人合作能力、解决问题能力、信息技术能力、创新创业能力和外语应用能力。

在教学中对能力的培养，要充分重视行为能力的培养，不可重传授而轻实践，出现高分低能的情况；在教学目标的确定和表述上，要改变过去以教师为主体的笼统培养目标，制定出学生需要达到的具体绩效目标。

3.教学过程中的学生发展问题

教学过程具有传递功能、发展功能、教育功能和审美功能。通过教学过程，使学生得到发展，是教学的根本目的。

在教学过程中要以教材为依托，在传授知识与技能的过程中，通过多种教学方法与手段，促进学生智力、体力、情感和意志的发展，发展学生的创造力。在职业教育中，要特别注重与职业相关的特殊能力的发展和训练，如汽车司机就要特别注重注意力、观察力、动作协调能力的发展，与艺术相关的职业就要更加注重想象力的发展等。教学要把教书与育人结合起来，使学生通过教学过程，达到对客观世界的认识，树立正确的世界观、人生观、职业观；通过教学的思想性，培养学生的道德品质和职业道德，提高学生的精神境界。

教学是一种艺术，包括教学环境的适宜，教学目标的适度，教学方法手段的巧妙，教学语言的准确、简洁、生动，操作技能的完美，教容教态的至善，师生之间的融洽，独特的教学风格，等等。掌握教学艺术，将使教学过程变得生动流畅，具有美感。学生在学习中得到陶冶，学习不仅可以是快乐的，而且可以是一种享受。

教师在教学过程中应注重对学生体质的发展，应重视教学过程中各教学因素对学生健康的影响，在教师的备课中，不仅要有知识技能、思想品德教育的要求，而且必须有体育的内容。在体育教学中，重要的不是技能技巧的获得，而是要养成对终身运动的认识和习惯。在职业学校应进行职业体育的研究和教学。职业体育是通过对运动心理学和生理学的研究，了解各类体育活动对身体影响的特点，确定哪些体育项目有助于富有成效地掌握这种或那种职业所必要的素质，哪些运动项目不利于某种职业的掌握，从而编制出供职业学校学生使用的体育教材，开展职业体育运动，帮助学生更好地获得从事这种或那种职业所必需的素质，发展学生的职业能力和职业所需的身体素质。

职业教育对待发展要有一个正确的观念：人人都有发展的潜能，人人都有权得到发展；教育是发展，不是压抑；是培养，不是淘汰。

（三）教学过程的基本阶段

为达到教学目标，作为教学的一个完整的过程，可分为以下几个基本阶段：

（1）启发学生学习兴趣，引起学生求知欲望。

（2）使学生感知新教材（或要学习的新的操作技能），形成关于所授教材（技能）的印象。

（3）理解教材（或讲解、示范实训科目），形成科学概念（或基本动作技能）。

（4）知识（技能）的复习与巩固。

（5）知识（技能）的运用或与知识相关的技能技巧的培养。

（6）对学生掌握知识、技能和技巧情况的检查。

（四）教学过程的基本规律

关于教学过程的基本规律，目前尚没有完全一致的认识，大体有以下几个方面：

1. 教与学辩证统一的规律

在教学中，由于师生的角色不同、教师与学生在信息掌握上的不均衡性和学生的不成熟性，所以教师处于主导地位。学生是学习的承担者，处于主体地位。在主导与主体"两主"的关系中，教学的主要矛盾是要解决学生由不知向知转化的问题；而矛盾的主要方面，是教师如何教、学生如何学的问题。这种矛盾转化（或统一）的表现形式则是学生的进步，这是教学的一条基本规律。衡量教学成效的尺度，只能是学生进步。

2. 学生的发展依存于知识技能传授的规律

一个人的发展需要在一定的条件下才能实现，生活经历、工作岗位、社会实践等，都可以使人得到发展。学校作为专门的教育机构，为学生提供的条件与一般的发展条件不同，是以知识和技能的传授作为实现发展的主要途径和手段。也就是说，教学是学校的中心工作，通过教学中学生的认识活动，掌握知识、培养品德、形成技能技巧以达到受教育者要求发展的目的。因此，在学校环境下，学生的发展要依存于知识技能的传授，离开教学活动就谈不上学生的发展。

3.间接经验与直接经验相互作用的规律

学生在校主要学习的是间接经验,但也必须学习直接经验。学生实习就是以直接经验对间接经验进行验证。实习主要是要获得直接经验。只有获得两种经验,才能够形成能力,职业能力更是如此。间接经验是学生学习直接经验的知识基础,直接经验是学生学习间接经验的认识基础。两者相互作用、相互促进,是教学的又一规律。

4.动手与动脑相互作用、相互促进的规律

智力是人发展的基础,脑科学的研究表明,人的左脑和右脑、大脑和小脑功能不同,但大脑是一个整体。心灵手巧,手巧也心灵,教学中学生动手与动脑并重,才能达到相互促进的目的。

5.教学效果取决于教学系统的和谐与优化的规律

教学系统指实现教学功能的相互联系的要素组成的整体,教学系统的和谐和优化,就是要使各要素构成之间连接、交互、互补,成为能最有效地进行知识经验传递的有机整体,所以,教学效果取决于教学系统的和谐与优化。

(五)教学原则

教学原则是为了有效地进行教学所必须遵循的基本要求。这方面在教学理论中已经形成了相当丰富的原则体系。例如,直观性、积极性、量力性、系统性、巩固性等原则;科学性与思想性相结合、理论与实践相结合、教师主导与学生主动相结合、集体教学与个别指导相结合、统一要求与因材施教相结合、教学相长的原则等。这些原则同样适用于职业教育。同时,针对职业教育的特点,我们应特别重视以下原则:

1.积极性原则

创新人才的培养和创业人才的培养,是职业教育的任务。教学要促进学生学习、促进发展、促进创新,就必须确立以学生为主体的观念,要使学生不仅有学习知识的积极性,而且有参与教学的积极性,努力实践的积极性,自我反馈的积极性。在职业教育中贯彻积极性原则,明确的职业目标和必须达到的能

力目标，是调动学生学习积极性的重要因素；理论与实践相结合、动手与动脑相结合、学中做与做中学是另一重要因素；成功则是重要的激励因素。在教学方法中，加拿大CBE（以能力为基础）的自主学习中的自学辅导法，英国国家级证书课程（BTEC）中的课业设计法，德国的双元培训以及微格培训等，都是我国职业学校发挥学生积极性、主动性的值得探讨的教学方式。

2. 简约性原则

中等职业教育要面向学生就业和升学的需求，培养学生可持续发展的能力。由于教学目标的多重性，而时间是常数，所以要充分发挥学校教学简约性的优势，在教师的引导或指导下，通过一定的方式方法，用最少的时间收到最大的学习效果。简约性包括教学内容的简约性和教学过程的简约性。贯彻简约性原则要求精选教学内容，注重基础课程和综合课程，避免各学科之间的交叉与重复；专业课程以适度为原则，给学生留出发展的空间；组织教学要系统、有序，重点突出、简明扼要，尽可能增加学生的专注学习时间。要为学生编写学习指导材料，指导学生学习方法，提高学习效率；各教学辅助设施，如图书馆、实验室、运动场所，要以学生为主体，为学生提供便利且有效的学习和活动条件；实习一定要讲求实效与时效。

3. 因材施教原则

职业教育是专业教育，与学生个人的个性、特长、兴趣、爱好直接相关，同时，还要满足学生个人的职业选择，因此必须特别注重因材施教。在教学制度和管理上，可以实行学分制、弹性学制；教学组织上，可以多层次、多目标，分类教学；在学生职业能力的形成上，要尊重学生的个性特点、兴趣爱好，扬长避短、挖掘潜能。同时，也要帮助学生形成柔性技能，善于迁移，顺势成才。

4. 教育与生产劳动相结合的原则

教育与生产劳动相结合，在职业学校中不是一般的劳动教育，而是特指在校生在学习期间直接参与社会生产劳动。之所以强调这一方面，是因为：一般的劳动教育，学校内的实验室和实习场地，不能代替社会的真实生产或劳动过程；学校的生产设备，一般落后于企业；工作场所的人际关系也不同于学校的师生关系。学生参与社会生产劳动，不仅能使所学知识在实践中得到验证，同时可以获得在学校中难以学到的新的知识与技能，培养学生服务社会的思想、态度和能力，特别是诚信意识、公平竞争的意识、质量意识和环境保护意识。农村中的教学、科研、生产、服务、推广一条龙教学和边学习、边生产、边致富的"三边"教学，以及双元制培训、工读交替、职业学校独立校办工厂实习、专业与校办实体承包式教学、校外工厂或场所实习等，都是教育与生产劳动相结合的教学形式。

三、教学设计与教学策略

（一）相关的概念

1. 教学计划
教学计划是对教学学科（课程）的总体安排。教学计划要列出开设的学科门类（文化课程、专业课程、实习课程必修课、选修课、任选课）及课时，课程顺序（前行课程、后续课程、并行课程），以及列入教学计划的课外活动课程等。

2. 教学大纲
教学大纲是以纲要的形式，规定出本学科的内容、体系和范围。它规定出课程的实质性内容，是编写教科书的直接依据，也是检查教学质量的直接尺度，对教师工作具有直接的指导意义。

3. 教学环节
教学环节指教师工作的基本环节，即教师在教学过程中，横向活动所组成的不同结构，包括备课、上课、作业的布置和检查、考试、考核等。

以上三者的关系是，教学计划是制定教学大纲的依据，教学大纲和教材是设计教学环节和进行教学设计的主要依据，根据教学设计，形成策略化教学。

（二）教学设计的类型与程序

教学设计是对教学活动进行系统规划和安排决策的过程。一切教学活动都是有目的、有计划的，总体而言，教学设计包括对课堂教学、实践教学、课外活动及一切教学活动的设计。

1.教学设计的类型

教学设计从类型上划分，可分为传统型和模块型。

（1）传统型：主要根据课程和教材的构成顺序，依次设计教学单元，其形式呈链式组合的递进关系。

（2）模块型：以模块为独立的教学单位，模块内仍可分单元教学，模块间则可灵活组合。

2.教学设计的程序

无论哪一类教学，其设计程序基本一致。

（1）确定教学预期目标，分析教学任务，尽可能用可观察和可测量的行为变化作为教学结果的指标。

（2）确定学生的起点状态，包括知识、技能、学习动机、学习态度等。

（3）确定如何呈现教学内容（教材、实习项目、活动内容、使用媒体），如何指导学习（课堂教学、自学辅导等），如何设计教学环境（教室、实习场所、现场等）。

（4）确定如何获得学生对教学的反馈，如提问、作业、操作、评议、讨论等。

（5）确定如何对教学结果进行测量、评价或考核。

综上所述，教学设计所包含的教学要素是：教学目的、教学内容、教学策略、教学媒体、教学评价。

（三）教学策略及其制订原则

策略是为了达到某种目的而采取的一种具有方略性的策划。教学所要达到的是教学过程中各因素（教师、学生、教材、教学手段）作用下的综合效果，并且要遵循教育教学规律。因为在教学过程中还会出现许多变数，甚至意想不到的问题，所以，要在教学过程中对所采用的教学模式（如案例教学还是引导课文教学）、课型（如以讲述为主的课、以操作为主的课、以讨论为主的课等）、课程结构（一节课的组成部分，各部分的组成联系、顺序和时间分配）和所采用的教学方法、教学手段进行选择，在应用中还必须不断予以相应的监控、调节和创新，需要进行方略性的策划。具体而言，制订教学策略要遵循以下原则：

1. 整体性原则

教学策略所要求的是对教学的整体进行谋划：①纵向要考虑一门课的体系，横向要考虑本课与其他课程的联系；②要考虑一个教学单元或一堂课的总体要求；③要考虑课程内容的特点、学生的情况、教学的环境、条件等综合因素。以此作为确定采用的课程类型、教材及其使用、教学方式、教学方法、反馈与评价方式等系列化策略的依据。

2. 动态性原则

在教学过程中，教师要及时对教学进程进行监控，如在讲述时发现学生有疲劳、注意力不集中的现象，马上可以改为提问，要适时调整教学方法。例如，叶圣陶先生所倡导的"教学有法，教无定法，贵在得法"。

3. 效率原则

实施教学策略的目的是实现教学过程的最优化。所以，要按简约化的教学原则，作出相对最优的选择，要排除对教学无益的干扰，如没有必要的板书、例证，过多的形体语言、演示等，在对教学的策划上，不能搞形式主义，要注重教学的高效率。

第二节　职业教育的课程开发与模式

一、课程的基本概念

（一）课程定义

课程即教学的科目，可以指学校的或一个专业的全部教学科目，也可以指一个教学科目，或一组教学科目。教学科目是学校教学的基本单位，如语文、数学等。"课"，即规定需要考核的学习内容与分量。"业"的含义是，古代用以记事的方法，用一个木棒将需要做的事刻为齿，就是业。每做完一件事，即削去一齿，称"修业"。所以，学校称学习年限为修业年限，学完全部课程考核合格称毕业。"程"，即程度、程序、进程。

课程指为实现各级各类学校的培养目标而规定的教学内容及目的、范围和进程的总和。所以，课程开发与设计包括确定学习内容、达到的程度、教学的程序和进度、考核的方式与标准。不同时代、不同类型和层次的学校、不同的教学对象，其课程的设计是不同的。如果是以自学为主的教学方式，课程设计也可以是学习计划。

（二）课程类型

对课程的分类，依据不同标准可以分为很多类型。

（1）以管理权限划分，可分为国家课程、地方课程、校本课程。基础教育主要是国家课程，职业教育则有相当部分是地方课程、校本课程，高等学校校本课程的比重很大。课程的开发能力是衡量学校教学实力的重要标志之一。

（2）以功能划分，可分为工具性课程、知识性课程、实践性课程、学术性课程、操作性课程等。外语、制图等属于工具性课程；地理、历史属于知识性课程；实验课为实践性课程；实习是操作性课程。

（3）以程度划分，可分为小学课程、中学课程、大学课程。

（4）以时限划分，可分为长学制课程、短训课程等。

（5）以课程的组织核心划分，可分为：①学科中心课程——以各门科学的知识体系为主干组织的课程，注重学科内容的完整性和系统性，目的是获得某门科学知识的主要架构，以构建自己的知识结构。②儿童中心课程——以儿童生活为中心组织的课程，是一种综合性课程，目的是贴近生活，引发学习的兴趣，学习寻求解决问题的方法和经验；③以能力为中心的课程——围绕获得某种能力而设计的课程；④以问题为中心的课程——以完成某个项目或解决某个问题为中心设计的课程。

（6）以课程内容的组织形式划，可分为：①单科型课程，如语文、数学等；②综合课程，又称广域课程，将两门或两门以上的密切联系和相关的学科知识，综合组成的课程；③核心课程，以生产、生活、社会问题为中心，将多门学科知识、技能围绕对问题的解决，交织综合，螺旋式上升，随着问题的复杂化，不断提高各学科所提供的知识与技能的深度和广度。

在职业学校，除部分文化基础课采取学科中心课程外，主要的是以能力为中心的课程。一所学校、一个专业，不可能仅设置一种类型的课程，而是根据不同的教学目标，设置各种不同类型的课程，形成一个综合的课程系列进行教学。

（三）课程组合

1.课程组合的原则
课程组合又称课程结构，是从课程的宏观编排组织出发，确定课程的范围、地位和顺序而形成的课程结构框架。不同的设计思想、不同的教学目标构成不同的课程组合，形成不同的课程结构。

总体而言，职业教育的课程结构一般以学生的教育出口水平，即能够获得的职业资格为目标进行设置，以宽基础、综合型、多平台、广出口为原则，采用阶梯递进式或阶段分流式的板块结构进行设计。

2. 课程结构的模式

在职业教育中按课程的排列有以下几种结构：

（1）纵向板块

纵向板块是一种三段式或多段式的板块叠加结构，每一个板块不构成完整的职业资格，要学完全部板块才能获得职业资格。这种板块多由文化基础课程或职业基础课程、专业基础课程或广域职业课程、职业或岗位定向课程三大板块组成。多用于固定学制，年限较长的、单一职业或具有共同基础的专业。德国的双元培训就是一种纵向板块的课程组合。

（2）横向板块

横向板块的每一个板块各自独立，形成完整的职业资格，但板块之间可以沟通。纵向叠加意味着职业能力的提高，可以获得高一层次的职业资格。适用于具有多种层次的职业和为满足学习者的不同需求。美国的生计群集课程和加拿大的 DACUM 课程都属于这一类。

（3）纵横板块

纵横板块是一种综合型的结构，兼有纵向板块课程和横向板块课程，采用分班或分组，自愿分流的形式，以满足学习者不同的需要。

（4）岗位技能板块

岗位技能板块是一种单一的横向板块，是旨在以最短时间和最有效的方法，使学生掌握一门职业技能的课程模式。由于每个板块只针对一种职业技能，所以，这种模式更适用于短期培训。MES 课程就属于这类。

二、课程开发

（一）课程开发的一般过程

1.根据专业进行调查研究

调查的内容：同一或相关专业课程设置现状，当前本专业的前沿技术，与专业相关的职业岗位设置，在教学内容上的企业需求、个人需求，毕业生对本专业课程设置的反馈信息等。

2.进行职业分析，制作职业能力项目表

不同的国家和地区，在职业分析和项目表的制定上大同小异。如加拿大DACUM 的职业能力项目表包括综合能力、专项能力两项，英国国家能力标准由能力单元、能力要素和操作标准三部分组成，澳大利亚国家能力标准由能力单元、能力要素、操作标准、适用范围和检验情况五部分组成。

其中，能力单元说明各职业工作的主要职责、任务和专项能力群（综合能力）；能力要素说明能力单元的基本构成模块，细化能力单元中的主要职责和任务，完善和补充说明能力单元项目中所需的知识和技能（专项技能）；操作标准说明完成工作职责和任务所要求的各项操作技能的等级，包括实现专项技能所需的主要技能的内容、决定性环节和相关的工作态度等（最终绩效目标）；适用范围说明能力单元适用的职业范围（培养的等级）；检验情况说明对学生进行能力评估与检验的实施环境（评估评分）。

（二）DACUM 的课程开发

这种源于加拿大的课程开发模式，目前在国际上应用比较普遍。其程序分为以下两个步骤：

1.制定 DACUM 表

首先，由校方邀请 8～12 名企业代表作为职业分析人员，一名课程设计专家任组织协调员，再委派一名秘书组成 DACUM 委员会。职业分析人员要求

来自该职业的代表性的产业。如所定职业目标为培养机械技术员，职业分析人员应主要来自机床、汽车、机械化工等行业，而不是电子、食品、服装行业。职业分析员的总体业务范围要宽到足以覆盖某一职业的主要范畴，如培养目标为模具技术员，职业分析人员在设计、制造、维修、安装、管理及销售各个主要环节都要有代表，并且还需要照顾当地的大、中、小型企业的代表，使职业分析的成果能尽量反映多方面的要求。组织协调员是课程设计专家，负责组织讨论，协调意见分歧，协助最后对能力范围的确定。组织协调员最好不是所要设计的职业的专家，以免越俎代庖。

其次，由这个委员会通过分析、分解和归纳确定从事这一职业的应具备的综合能力。确定综合能力的原则是：应为从事这一职业（岗位）涉及的一些明确的主要的活动，每一种活动需要为其主要责任之一；在岗位工作的全部时间中占相当部分；在岗位人员的工作周期中定期出现。通常可以得到 6～10 项综合能力，将其写在卡片上。对能力的说明要以一个行业动词开始，如编制、提出、设计、确定、控制、组装等，且必须达到一个可以观察的标准。然后在每一项综合能力后面，列出其所包括的专项能力。

再次，对每一项专项能力，写出最终绩效目标和分步能力目标。这一项工作可以由原班人马进行，也可以另组第二个 CUDAM 委员会。这个委员会按综合能力分组，为每一项专项能力写出最终绩效目标。最终绩效目标，即用一段文字表述这项专项能力需要通过什么，使用什么，达到什么，使其成为可实现的要求。如培养目标为电气技术员，综合能力之一是电气设备安全，这项综合能力中包括的专项能力之一是检查落实安全措施。对这项专项能力的最终绩效目标的表述如下：能使用欧姆表和其他有关测试仪器，在车间现场某一设备上，用规定时间检查接地电阻值。然后，根据所定目标，按步骤、工具、知识、态度、标准等项目写出分步能力目标。

步骤：①准备工作；②检查工具；③实地测量接地电阻。

工具：兆欧表、万用表、电桥、螺丝刀、防护工具。

知识：电路基本定律、测量原理、安全技术、接线工艺。

态度、安全：认真、细致、严守工艺规程、注意工作环境整齐卫生。

标准：受训者能在 10 分钟内，根据要求选定工具，并做好仪器校正，达到精确标准。受训者能在 10 分钟内达到正确使用工具、仪器测量绝缘电阻并判断是否符合安全标准。

这些分步能力的每一项还可再分解，一个主要的综合能力之下可以分解到 50 ～ 100 个分步能力。

最后，委员会对专项能力确定四级评分标准。

一级：能满意地使用该技能的某些部分，但需要帮助和（或）指导，才能使用全部技巧。

二级：能满意地使用该技能，但需要定期的帮助和（或）指导。

三级：能不需要任何帮助和（或）指导满意地使用该技能。

四级：又分为三等。一等，能以较快速度和较高质量满意地使用该技能；二等，能够满意地使用该技能，并在具体情况下采取主动，具体情况具体分析；三等，能满意使用该技能，并能带领他人使用该技能。同时，根据培养目标（一种职业可以包括 2 ～ 3 个职业层次），确定每个层次需要掌握的专项能力的数目和四级分级中 1 ～ 3 级的人口分值（第四级一般不要求学生达到）。如烹调专业有 343 个专项能力，一般厨师只需要掌握其中的 280 个就可以了，但要做"大厨"（厨师长）就必须掌握 343 个，其入口分值也要比一般厨师高一级。入口水平的控制主要取决于当地技术发展的要求。至于各项能力的入口分值的不同要求，与其使用频率和难度有关。使用频率低的一般不做过高的要求，否则太不经济；难度较高的也不做过高要求，以后可以在工作中继续提高。

至此，DACUM 表的制定就完成了，这一阶段工作的关键是学校的教学人员不参加，完全由企业代表组成的委员会确定培训目标和能力分析，而且达到很具体的可操作、可考核的程度，然后交学校教学人员编制课程大纲，进行教学开发。

2. 编制教学大纲，制订教学计划

编制教学大纲的程序如下：

将所列知识、技能进行归类，将其中相同或相近的集中在一起，构成可以在一定时期（一周或几周）内完成的教学单元。每个教学单元有明确的起点和终点，可以获得一项或一组专项能力。若干教学单元加起来构成一门课程。在归类中可能许多知识、技能、态度是重复的，重复出现的次数越多，说明这种知识或技能对于这个职业越重要，即可成为教学的重点。

将课程排序，按预备的、基础的、专门的，和先行、后续、难易，及实际工作需要（出现的频率和复杂程度）顺序排列，列出课程大纲。课程大纲中，还应加入所需要的非专业课程，如文学、外语、心理学、社会学、公共关系学等。非专业课占总课程的 25% ～ 30%。据此，再制订具体的教学计划。

DACUM 表的功能。DACUM 表除开发课程之外，还有多种用途。一是可以作为考核学生入学水平的标准。如哪一项技能学生已经掌握，经过考核认定可以免修。二是可以作为学生制订学习计划的依据。学生入学后即发给此表，可以明确必须学习什么知识技能，需要达到什么水平，据此制订自己的学习计划。由于目标明确，此表对学生的学习起激励的作用。三是可以作为继续学习的起点标准。如果学生要从低层次学历向高一级发展，只要补上未学的专业模块就可以了。四是可以作为学生求职的工具。在学生的毕业证书上，印有DACUM 表及学生在每项能力上达到的水平，使用人单位对毕业生所具备的知识、技能、态度等一目了然，有助于毕业生求职。五是可以作为评定教师能力的标准。由于确定了某一职业的具体要求，教这一专业的教师能否胜任，也可以根据此表来衡量。

DACUM 表每年学校修订一次，每五年重新修订或制定一次。

三、课程模式与课程教学单元

（一）课程模式

课程设计是开发课程的方法体系。不同的教学目标、方法或理念所开发的课程体系构成不同的课程模式。以下列举几种在职业教育中具有代表性的课程模式。

1. 模块技能组合课程（MES）

MES 是国际劳工组织开发的培训课程，1987 年被引进我国。其设计的方法是：将职业岗位的一个具体任务，按实际的工作程序和工作规范分解为序列化的工作步骤，即有清楚开头和结尾的若干部分，每一个部分即一个模块。模块要保证有一项输出（一种产品、一项服务、一个决定）。一个模块中包括若干学习单元。如建筑业其中的一个任务是浇灌混凝土，然后按浇灌混凝土的工作程序将其分解为四个模块——混凝土的搅拌、混凝土浇灌、建筑物的修整与抹光、建筑物的硬化与保养。每一个模块又分成若干学习单元，为每个学习单元编写学习包。学习包中包括学习目标、学习内容、考核标准和考核题目。这种课程更适合于短训或为解决某一任务的在职培训。

2. 英国国家职业资格证书课程（NVQ）

NVQ 的设计方法是：对职业进行分析，确定 11 个职业领域——商业和服务业、医疗卫生、社会服务和治安、银行金融和法律、通信、教育、农业和畜牧业、能源和矿业、建筑业、工程和制造业、交通和运输业。再将每个职业领域划分成若干职业单元（岗位），确定每个职业单元所需的技能组成（技能元素），每一个技能元素表述一项可以考核的操作技能，然后组成教学模块。职业资格证书共分五级，如第三级（相当于中等职业教育）的课程由 12 个职业模块课程和 3 个核心技能课程组成。12 个职业模块中 8 个为必修，4 个为选修，3 个核心技能课程为交际、数字应用、信息技术。此外，还可以学习其他课程，如外语、数学等。各门课累计满 16 个学分，即可获得职业资格证书。模块叠加

（学分积累）可以向上一级发展。这种模块课程有利于上下衔接和横向联合。

3. 核心阶梯课程

核心阶梯课程的代表为德国的双元制课程。其设计方法为：设 13 个职业领域——电工电子技术、建筑技术、纺织技术和服装、营养和家政、印刷技术、化学物理与生物、金属技术、经济和管理、色彩技术与室内装潢、医疗卫生、木材技术、保健、农业。然后，根据职业领域设置覆盖面广的群集式专业，专业内课程由三个阶段（阶梯式板块）组成，即职业基础教育、职业分业教育、职业专长教育。每一个阶段的课程又分为理论课程和实践课程两部分。理论课为综合性课程，如制造业的理论课分为专业理论、专业计算、专业制图，实践课程在企业内学习。

4. 以能力为核心的课程（CBE）

CBE 设计的方法是：首先对所设专业进行职业分析，得出所需的综合能力，再对综合能力进行分析得出专项能力，每个专项能力按知识、技能、态度、反馈四项，写出最终绩效目标，再确定所要达到的培养等级标准，列出 DACUM（课程开发表）表。然后，按 DACUM 表设计教学单元进行教学。

5. 集群式模块课程

集群式模块课程按职业群或岗位群设置专业，将课程分为两个相互联系又有区别的阶段。第一阶段称"宽基础"阶段，学习集合一群相关职业或工种所必备的知识和技能；第二阶段称"活模块"阶段，根据基础知识技能，设计各种针对特定工种、岗位的教学模块，学生可以根据自己的意愿，选择特定的教学模块进行学习。

6. 并行式课程

并行式课程结构，即基础课与专业课平行设置，实践课与理论课平行设置，都持续开设三年。实践教学自成体系，从一年级开始训练，直至毕业。目前，我国个别高校有试行独立实验室制度的，即将实验室从课程教学中独立出来，自成系统，成为一个独立的教学实体。学生可以根据自己的需要选择实验时间和地点。

7. 职业群集课程

职业群集课程是美国于 20 世纪 70 年代开发的一种课程类型。这种课程将工作性质相近（即工作内容、工作环境和技能水平相同或相近）的职业归并为一群或一组，确定这一职业群组所需的基础知识与共通性的知识和技能，以及各职业的入门资格。将学生的学习分为职业试探和职业准备两个阶段或职业试探、职业发展和职业准备三个阶段。在职业试探阶段，学生根据自己的意愿和能力，广泛学习这一职业人群所需的知识和技能，了解职业的情况，试探自己的能力，作出适合自己的选择。在职业发展和职业准备阶段，学生可以学习一门职业的入门技术，给自己以更大的选择性。这种课程设置，学生选择的余地大，但专业学习不够专精。

8. 生计群集课程

生计群集课程也是美国于 20 世纪 70 年代开发的一种课程类型。这种课程是以终身教育为出发点，从小学开始划分为职业陶冶、职业试探、职业导向和职业准备四个阶段。学生入学后，1 ～ 6 年级为职业陶冶阶段，使学生熟悉各种职业的可能性；7 ～ 8 年级为职业试探阶段，进一步接触某一种职业；9 ～ 10 年级为职业导向阶段，深入学习某一种职业；11 ～ 12 年级为职业准备阶段，可以有三种选择——掌握职业技能就业、学习升学课程与职业课程、学习学术课程升学或与职业课程结合升学。职业课程则按入门性、技术性、专门性、行政性和研究性制定阶梯课程。在职业准备阶段，根据学生需要，又分为长期职业准备课程、扩大职业试探课程和短期职业训练课程，采取循序渐进的、纵向连贯的课程编排方式，学生可以根据自己的需要在结束某一职业层次课程之后就业，也可以进入下一层次的学习，取得高一层次的职业。这是一种以终身教育为指导的课程模式。

9. 综合课程

综合课程类似于综合中学课程，学制 3 ～ 4 年，是近年来我国一些职业学校或普通高中开发的课程。一种是以学习普通高中课程为主，同时开设若干选修通用技术或农业实用技术课程，可以获得高中毕业证书和某项技能考核证书。一种是高二分流，在高中三年级后一部分学生继续学习学术课程，一部分学习某种职业课程，如为四年制可以获得普通高中毕业证书和职业中学毕业证书。

10. 多元统合课程

多元统合课程是由学科课程、综合课程、活动课程和核心课程组成的课程模式。

11. 多元板块课程

多元板块课程是以基础课板块、职业岗位多元化板块和选修课板块组成的课程。在职业岗位板块中以 2～3 个行业岗位为对应目标，以岗位中适用的 3～4 门课程组成相对独立的知识技能课程模块，形成一种多元化的板块。学生可以选择学习其中 2～3 个岗位模块。如种植业模块加养殖业模块，养殖业模块加工业（农副产品加工、畜产品加工、水产品加工、林副产品加工）模块，美容美发模块加服装制作模块等，以增加学生的技能，拓宽学生的创业和就业门路。

12. 学历与证书结合课程

学历与证书结合课程模式的优势在于，学生在取得职业学校学历的同时，根据自己的能力和需要，可以选修专业以外的课程，取得某种或某几种职业资格证书或技能等级证书。如文秘专业选学会计、驾驶、导游，并取得相应的证书。

13. 工读交替课程

工读交替课程是在弹性学制下，学生可以采取三明治方式、半工半读方式、累计学分方式进行学习的课程。

（二）课程的教学单元

1. 教学单元

教学单元指学习的段落，即由性质相同或有内在联系的教材，组成一个整体，分编节目、安排作业，从传授知识到巩固应用，连续在一段时间内进行。

或指有明确起点和终点，有明确的教学目的，完整的学习内容和确定的考核标准的教学模块。一门课程可以是长周期的，也可能是短周期的。无论是长周期或是短周期的，一般都要划分为若干单元进行教学。教学单元分为相对独立的和独立的两类，相对独立的是课程的有机组成部分，不构成独立的知识和技能；独立教学单元是由独立的短周期教学单元组成的课程，也称为模块课程。在职业教育中，模块课程为主要的教学单元。

2. 模块式教学

"模块"是由工业品的部件、计算机或计算机程序的组件引进的概念。因此，模块是由一个系统中可以分解的若干独立部分组成的；每一个模块本身是独立的、标准化的，有严格的指标要求；可以将其与其他部件（模块）进行不同的组合。

模块课程即以模块组成的教学单元，具有以下特点：①由一个完整的课程系统中可以分解的部分组成；②每一个模块是独立的，可以独立进行教学，有自己明确的教学目标和教学内容，有自己的起点和终点及评价标准；③模块之间可以具有水平序列或横向领域方面的关系，可以在水平序列上叠加，向上一级发展，也可以横向扩展，扩大知识和技能面。不同模块可以单独教学，也可以相互组成多种模块组合的模块课程；④模块大多具有综合性，可由不同的学科内容组成，如计算机模块课程中的组成模块可以有信息系统基础、微机操作控制、文字处理、计算机制图、计算机辅助生产、机器人的使用控制、模拟仿真、计算机维护修理等，其中的文字处理模块也可以成为电子商务、文秘等课程的组成部分。电气安装技术和电工技能课程中可分为触电急救、灯具安装、室内电热和照明电路的敷设、户外架空线路的安装与维修、常用电工仪表的使用、机床控制电路的安装等模块。环境保护、社区服务等课程则多为不同学科的模块组成。

第三节 职业教育的教学方法与教学艺术

一、教学方法

（一）教学方法的定义

关于教学方法，《教育大辞典》将其定义为：师生为完成一定教学任务在共同活动中所采取的教学方式、途径和手段。在我国出版的不同的教学论著中，对教学方法有不同的定义。其中，王策三所著的《教学论稿》认为："可以把教学方法定义为，为达到教学目的，实现教学内容，运用教学手段而进行的，由教学原则指导的，整套方式组成的，师生相互作用的活动。"吴杰主编的《教学论》认为："教学方法是教师与学生为实现教学目的，完成教学任务所采用的途径和程序。"唐文中主编的《教学论》认为："教学方法是师生为达到一定的教学目标而采取的相互关联的动作体系（包括内隐的和外显的动作）。"李秉德主编的《教学论》认为："教学方法是在教学过程中，教师和学生为实现教学目的、完成教学任务而采取的教与学相互作用的活动方式的总称。"刘继武编著的《现代教学方法概论》认为："教学方法是师生为了完成教学任务所采用的教学的方法和在教师指导下学生所采用的相应地学习的方法。"上述定义尽管在论述上有所差异，但其共同点是都认为教学方法中包含的因素有教师和学生；教学任务、教学目的；通过和借助一定的途径、方式、方法、手段来完成的活动。

所以，教学方法是在教学过程中，教师与学生为共同完成教学任务所采取的工作方式，包括教法和学法。

（二）教学方法的功能

教学方法包括教法和学法，二者在教学活动中统一起来，方能实现教学活动。教学方法具有以下功能：

1. 教学方法的中介功能

教学方法是达到教学目的不可缺少的中间环节。教学如同过河，只有教学目标彼岸的目的，而没有过河的办法，是不能到达彼岸的，而教学方法就是过河的桥。

2. 教学方法的教育功能

教学方法是根据哲学、思维科学、心理学、逻辑学等科学规律，根据学生的年龄特征，利用和借鉴各种认识方式（如科学的、技术的、艺术的、有价值的），为完成教育教学任务而创建的方法体系。因此，教学方法的本身就具有教育功能。教师既可凭借教学方法使学生掌握知识、技能和技巧，也可通过教学方法培养学生的思想品德、行为习惯，发展学生的智能、独立性、自觉性，培养学生的学习能力、创造能力、解决问题能力和合作能力，等等。

3. 教学方法的联结功能

教学方法是连接教师与学生的重要纽带。师生之间的关系是多方面的，但教学是师生主要的共同活动，教师是通过教学方法在教学活动中与学生交往的，因此，教学方法直接影响师生关系和教师威信。教师的教学方法应用适当，师生关系融洽，教学效果就好，否则会产生负面影响，甚至出现紧张局面。

4. 教学方法的保障功能

教学方法是提高教学质量和效率的重要保证。如果一个人想到达对岸，则过河的办法可以有很多，筑桥、行船、涉水、游泳都可能达到目的。但教学方法在教学中的选择则不具有随意性，教学方法是为解决如何高质量、高效率达到教学目的科学。因此，教学方法是提高教学质量和效率的保证。

（三）教学方法的特点

基于教学中认识过程的特殊性，教学方法具有以下特点：

1. 实践性

教学方法是来自教学实践，应用于教学实践的，离开教学实践就谈不上教学方法。教学方法是一种运动中的方法体系。

2. 双边性

任何教学方法都是师生的双边活动。教学方法是一种互动的方法体系。

3. 多样性

教学方法在使用中具有多样性和多变性的特点，所谓"教学有法，教无常法"。从历史上积累下来的多种多样的教学方法，已经形成了丰富多彩的教学方法库，供教师选择使用。由于在教学过程中师生活动的方式和性质是多方面的，因此，企图制定某些数目有限的、经常不变的、能广泛适用的几种教学方法去应用是错误的。

4. 整体性

在教学过程中使用单一的教学方法，特别是技术性教学方法是很少见的。教学中通常使用的是方法群。教学方法上的创新，往往是方法组合运用上的创新，一种有效的方法组合可以成为一种新的教学方式。

5. 继承性

人的认识具有客观的规律性，师生活动是教学的永恒主题，因此教学方法具有继承性，历史上积累下来的教学方法大都是有效的，即使是最古老的教学方法——口耳相传的讲述法，在今天仍然有效。

6. 发展性

教学方法随着教学目的的变化、教育理论的发展、教学理念的更新和教学手段的进步，也在不断发展，旧的教学方法要在新的条件下创造性地使用，才能焕发出光彩，同时，新的教学方法也在不断地产生。

（四）教学方法的分类

对教学方法进行分类，有助于科学的教学法体系的建立，也有助于教师对教学方法的选择。但教学方法是一个很复杂的问题，从不同的角度有不同的分类，难以形成一个统一的、标准的分类。以下介绍几种常见的分类方法。

（1）从大类划分，教学方法可以分为一般教学法和特殊教学法。

一般教学法是指对于各类学校、各种学科都可以通用的教学方法，如讲授法、谈话法、演示法、练习法、实验法、小组讨论法等。特殊教学法是指应用于不同类型、不同层次、不同学科或不同对象的教学方法，如高等学校教学法、中小学教学法、学科教学法、残疾人的特殊教学法等。

（2）从层次上划分，教学方法可分为原理性教学法、技术性教学法、操作性教学法。

原理性教学法是指根据一定的教育教学原理提出的原则性的教学方法：①启发式教学法——依照教学过程的客观规律，引导学生主动、积极、自觉地学习知识技能的教学方法；②注入式教学法——教师只管主观传授，学生呆读死记的教学方法；③发现教学法——由学生自己定题，向学生提供一系列有关活动和实践，使学生通过活动和实践，掌握相应的知识和技能的教学方法；④设计教学法——打破学科界限，按主题设计教学单元，由学生自己完成的教学方法；⑤目标教学法——分解确定教学目标，采取达标教学的方法等；⑥构建主义教学法。

技术性教学法是指适宜用于各种教学技术的教学方法，如讲述法、讲解法、讲演法、讨论法、谈话法、分析法、图例模型演示法、读书指导法、实习指导法、参观指导法、作业指导法、自学辅导法、微型研究法、计算机辅助教学法等。

操作性教学方法是指更为具体的教学方法，如讲授法中的逻辑的方法（归纳法、演绎法、分析法、综合法），讨论法中的提问、激励、总结、评价等方法，美术课的写生教学法，外语课的听说教学法等。

（3）从教学活动方式分类，教学方法可分为以教师为主的教学方法和以学生为主的方法。

（4）从教学功能上分类，教学方法可以分为智育教学法、德育教学法、体育教学法、美育教学法、劳动技能教学法、核心能力教学法等。

二、教学方法的应用

（一）选择教学方法的价值判断

选择教学方法的价值判断，是指对使用某种教学方法预期效果的判断。确定哪些教学方法是适合的、有效的，具体要从以下四个方面进行分析：

1. 教学目标

选择教学方法，首先要考虑其在实现教学目标上的价值，即这种教学方法能否最有效地达到教学目的。选择包括总体上的决策和策略上的决策。总体上教学方法的选择如确定采用自主学习与自学辅导法，还是采用以常规教学为主的教学方法；策略上的选择则是确定某一部分教学或某一节课采用什么教学方法。

2. 教学内容

选择教学方法要考虑其在帮助学生掌握教学内容上的价值，要根据不同的教学内容，选择不同的教学方法。如教授定理、定义，多采用讲解法；了解机械结构可用实物或虚拟演示；学习绘图则用练习法。但这也不是绝对的，教学方法通常是综合或交互使用的。

3. 学生类型

教学方法的选择，也取决于教育对象。对成人的培训和对青少年的教学所采取的方法要有所区别。对青少年还需要考虑年龄特征，初中生与高中生不同。要考虑学生的能力水平，学生独立自主学习能力强，可采用自学辅导、计算机程序教学等方法；学生独立自主学习能力弱，则需要多讲解、指导和示范。

4. 教学环境

教学方法与教学环境密切相关，教室、车间、现场所需要的教学方法不同。如现场教学就不宜采用演讲法；参观教学一般不能实际操作，可在教室里做系统讲授等。

（二）教学方法与教学组织形式、教学手段、教学方式

1. 教学组织形式

教学组织形式指在教学过程中，教师和学生之间的相互关系和合作形式。教学是师生双方在一定的时空条件下进行的，因此，必须具有一定的组织形式。如课堂教学、现场教学、实验室教学、实习教学、集体教学、分组教学、个别教学等。教学活动的组织形式，取决于教学内容和教学任务，并为完成特定的教学任务和内容服务。不同的教学组织形式与采用何种教学方法有直接关系，不同的教学组织形式，可以构成相对独立的教学方法群，如课堂教学法、现场教学法、实验教学法等。

2. 教学手段

教学手段是在教学活动中，师生相互传递信息的媒体、工具和设备，属教学的物质条件、实体要素。从总体而言，教学手段决定和制约着教学方法。在造纸和印刷术没有发明之前，教学方法主要是口耳相传。造纸术和印刷术的发展，使文字符号和专门为教学编著的书面教材成为教学的主要媒体，许多教学方法都是围绕着如何读书；现代科技所形成的视听媒体、多媒体，特别是计算机的应用，引起了教学方法的全面革新。但教学手段只是一种物质条件，要靠师生能动地运用才能发挥作用，再先进的手段如果没有一定的教学方法配合使用，也不能发挥作用。因此，在一定意义上，教学组织形式和教学手段是教学方法的载体，教学方法是发挥教学组织和教学手段作用的方式，二者互为作用，相得益彰。

传统的教学手段一般指黑板、粉笔、标本、挂图、模型、表格等。现代化教学手段是利用现代科技进行教学的工具和媒体，如光学媒体——幻灯机、投

影仪等；声像媒体——收音机、录像机、录音机、电影放映机、电视机等；多媒体——计算机辅助教学系统、多媒体教室、网络教学等。

教学手段的现代化将带动教学的全面改革：①从知识的传授上可以实现全球化零时差传递，大大扩大信息源和加速教学内容的更新速度；②从网络上可以及时了解企事业现状，缩短教学与实际的差距；③电脑辅助教学可以实现个别化的教学与指导，做到因材施教；④多媒体的应用，可以大大提高教学质量和效率；⑤远程教学、网络教学可以扩大教育面，利用先进的教学资源，提高落后地区的教学质量；⑥可以在网络上实现全球教育资源共享，建立教育的国际合作；⑦在技能的训练上，可以实现模拟教学、虚拟教学等。现代化教学手段有着传统教学手段不可比拟的优势，其对教学的深远影响不言而喻。

但我们应该注意的是，教学手段的现代化并不意味着传统教学手段已完全过时，可以全部由现代化教学手段所替代。如标本，实物标本仍然是最好的直观教学手段；可以动手制造、装配、操作的模型，在技能训练上也是不可替代的；黑（白）板在张贴板教学法中仍需应用。我们只有根据教学需要，灵活地使用各种教学方法和教学手段，才能达到最佳的教学效果。

3. 教学方式

教学方式也决定教学方法的选择。如以教师为中心的教学方式，多采用讲解、演示、模仿、提问、启发、谈话等方法；以学生为中心的方式，则采用自学、练习、讨论、计算机辅助教学等方法进行教学。

（三）选择教学方法的相关因素

1. 社会背景

一个社会的文化传统与文化背景，教育制度与教育思想，对学校教学方法的选择具有相当大的影响。如我国"学而优则仕"的文化传统，影响到追求升学率的应试教育，直接影响到采取死记硬背的教学方法。注重学历或注重能力的不同社会倾向，也会影响我们对教学方法价值的判断。目前，我们在教学方法选择上应该注意的是，不为社会上某些不良倾向所左右，要坚持先进的和科学的教育思想，坚持全面素质教育和以能力为基础的教育，选择符合要求的教学方法。

2. 学校的教学氛围

学校形成的学风和校风对学校教师教学方法的选择也有相当的影响。在一个宽松、开放、求新的教学环境中，教师就会有效地选择教学方法，学习使用新的教学方法，不断地创新教学方法，获得高质量的教学效果。反之，因循守旧的教学环境会压抑教师的积极性和创造性，教学方法必然趋于陈旧落后。

3. 教师的业务专长和个性特征

教师的业务专长往往使教师倾向于采用何种教学方法。专业理论课教师与实习指导教师在选择教学方法的倾向上可能有差异性，理论课的教师长于讲授，愿意用讲解法，实习指导教师长于指导，可能更愿意使用谈话法。文科理科的教师在选用教学方法上也可能有所差异，理工科教师重实证，文史科教师重说理。教师的个性特征也是影响教学方法选择的一个因素。性格内向的教师，对应用讨论、谈话等教学方法可能比性格外向的教师更困难一些。性格开朗的教师其选择的教学方法可能更开放、多样；个性拘谨的教师，选择教学方法会更严谨。在这个问题上，没有好坏之分，只要符合教学要求，都可以扬长避短、各显其能。

三、职业教育若干教学方法介绍

职业教育由于其教育类型和教学目标不同于普通教育，除课程设置有自己的特点外，在教学方法上也具有自己的特点，形成一些具有模式性的教学方法。

（一）自主学习与自学辅导法

自主学习又称自控式学习。其要点是：学生在开始学习时，个人了解自己的原有基础；了解自己的需要，明确所要求达到的学习目标；学生自己选择学习方式或能自己选择所需信息与学习资源——听课、自学、利用媒体学习、在校内实习、在校外实习等；学生自己安排学习进度，制订学习计划，并完成学习；能自我反馈评估学习效果。学生也可以在学校注册，由学校提供学习条件，通过电脑程序完全自主学习。自主学习中的自学辅导法，是指上述各项都是在教师以各种方式的指导下完成的。如在教师指导下制订个人的学习计划，学校提供学习进展指南，教师编制学习指导手册（学习包）、建立学习资源室，在学生自我评估学习成绩后由教师评定打分，学校建立学习预警制度等。

（二）项目教学法

项目教学法是以生产或服务的一项任务作为教学单元，在完成任务的过程中组织教学。在项目教学中，由学生自己确定项目、自己制订计划，由个人或学习小组共同完成学习任务的，也称研究性学习。所有具有整体特性并有可见成果的产品或工作都可以作为项目，如电工中的电梯数字显示板制作、营销专业的广告设计、计算机应用小软件开发等。在实训教学中，也可能是社会上实际工作、生产、服务中的某项任务。

（三）引导课文教学法

引导课文是一种专门的教学文件，用以引导学生独立完成学习任务和工作任务。引导课文一般由以下几部分组成：①任务描述。②引导问题。③学习目的的描述。④工作计划。⑤工具需求表。⑥材料需求表。⑦时间计划。⑧专业信息和辅导说明。其实施过程为，学生获取信息，了解做什么；制订计划；确定工作方法及设备；实施计划；控制，是否圆满地完成任务，达到用户要求；评定，今后应在哪些方面做得更好。教师工作主要在准备阶段和完成阶段，全部学习过程由学生自己进行。

（四）案例教学法

案例教学法是选用专业实践中常见的、具有一定难度的典型案例进行分析的教学方法。案例一般是真实的,也可以根据教学目的编制具有典型性的案例。教学可以是课堂教学,也可以通过案例现场,如法院的庭审、生产或事故现场组织教学。为发展学生解决问题的能力,学生不仅要对各种真实(假设)的情况进行分析,而且还要考虑许多不同的情况和条件,以便作出决策。在真实的案例中,学生的结论可以与实际发生的事进行因果比较,以拓展思路。

四、学习指导

教学法包括教师的教法,也包括学生的学法,但在学校教学中,教师居于主导地位,学生怎么学很大程度上取决于教师怎么教。因此,解决教法问题是解决学法问题的关键。但学生的学习不只是为了掌握一定的知识和技能,还要通过知识技能的学习过程,掌握一套如何进行学习的技术和方法。因此,学法指导包括两个方面:一是在教学过程中渗透对学习技术和方法的指导;二是对学生学会学习的认识上和方略上的指导。前者涉及教学中的心理学问题,主要属于教育心理学的研究范畴。这里主要阐述的是有关对学习的认识、动力、趋势等方略性的教育与指导。

(一)终身学习观念的教育

据统计,人类近百年掌握的知识等于有史以来人类所积累起来的知识的90%。面对知识技术的迅速发展和迅速变化,终身学习成为必然的选择。要使学生了解唯有全面的终身教育才能培养完善的人,终身学习是21世纪人类的生存概念,也是21世纪从业的必备条件。

(二)能力结构概念的教育

1.要使学生了解21世纪的人,应具备什么样的知识和能力结构

职业教育要使学生知道知识包括哪些内涵,了解综合性知识对人的职业发展的重要性。职业教育还要使学生了解在21世纪生存并得到发展应该具备

哪些能力。如 20 世纪 80 年代国外专家柯林提出，一个人应具备三本护照：第一本是学术性（基础文化知识）的，第二本是职业性的，第三本是证明个人事业心与开拓技能的。联合国教科文组织国际 21 世纪教育委员会在很多年前的《教育——财富蕴藏在其中》一书中就提出，学会认知，即获取理解的手段；学会做事，以便能够对自己所处的环境产生影响；学会共同生活，以便与他人一道参加人的所有活动并在这些活动中进行合作；学会生存，我们再也不能刻苦地、一劳永逸地获取知识了，而需要终身学习如何去建立一个不断演进的知识体系。这四种学习将是每个人一生中的知识支柱。

2. 要使学生了解现代社会需要什么样素质的人才

美国研究素质教育的专家詹姆斯·多姆生认为，一个热爱生活、热爱人类、热爱真理，诚实正直的学生，同仅仅是学业突出的百分学生相比，前者更有利于社会。因而，我们的教育当下更要注意帮助学生确定自身的价值，学会互补技能，正视竞争，尊重原则，以及学生体魄健康等方面。我们需要更多快乐而健康，能从事各种工作的普通人，而不是病态的天才。人类发展的目的在于使人日臻完善；使一个人的人格丰富多彩，表达方式复杂多样；使一个人作为一个家庭和社会的成品，作为一个公民和生产者、技术发明者和有创造性的理想者，来承担各种不同的任务。因此，现代社会需要全面发展的、具有综合素质的人才。

（三）多方成才观念的教育

职业教育要使学生了解什么是人才，什么是成就。每个人的境遇不同，所受到的教育可能不同，从事的职业也可能不同，但这些只意味着每个人的才能发展方向不同，没有高下之分；更不能说明其职业成就的高低，三百六十行，行行出状元。一个缺乏作为的大学校长可能毫无成就，一个成功的小学教师则可能是教育家。成才之路是多方面的，升学可能是成才之路，职业实践也可能是成才之路。要知道积极、稳定的兴趣来自认识，天才来自勤奋，灵感来自积累，成功来自奋斗。

五、教学艺术

《现代汉语词典》（第7版）对"艺"的解释为技能、技术、艺术、准则；"术"是技术、技术、策略。"艺术"是用形象来反映现实，但比现实有典型性的社会意识形态；或富有创造性的方式、方法；形状或方式独特且具有美感。因此，也可以说，艺术是对某种客观对象，依照社会的、个人的审美的尺度，进行的自由创造或塑造，一般具有表象的、形象的特征，以美感作用于人。

（一）教学艺术的特点

教学艺术有两个方面的含义：一是从培养人和塑造人这个本质属性而言，即大家所熟悉的"教师是人类灵魂的工程师"的含义，培养人和塑造人是一种高超的艺术；二是从教学所表现出来的技能、技巧、技艺而言，是一种行为和操作之美。教学艺术是具有专业性的艺术，因而具有自己的特点和规律。

从培养人和塑造人这方面而言，教学艺术创造的自由度要受两个方面的约束。一是教学目的。教师不能脱离既定的教学目的和教学目标，去像小说家、戏剧家那样"自由"地创造笔下的人，必须按照既定规格，遵循教育规律进行培养。二是教学对象。教师所面对的是具有独立意志和不同个性的人，不是雕塑家手中的泥，因此，必须在尊重学生人格的前提下，依据学生的意愿和个性特点，帮助学生顺势成才。

教学艺术的另一特点是，这是一种成功的艺术。不是说教师的某次教学活动不会或不能出现败笔，但从整体而言，教学是只许成功不许失败的。艺术家的创作失败了可以重来，学生却不能因达不到培养目标而去"回炉"，或者因教学上的失误使学生的身心受到伤害。

教师的艺术形象不同于表演艺术。演员表演的是角色，教师的形象艺术是展现自己，因此，"以身作则"是教学艺术最基本的原则。身教胜于言教，教师要做到"学为人师，行为世范"。

教学艺术同样是创造，有广阔的创造空间。从教师教学中所表现出来的技能、技巧和技艺而言，每一位教师都可以形成自己独特的教学艺术和教学风格。

（二）教师的教学艺术

1. 教师的形象艺术

教师教学中的形象艺术，指教师在教学过程中的教容、教态。教容包括精神状态、心理状态、形象着装等；教态要平和、从容、开朗、自信。我国现代职业教育家南开大学（南开学校）的创办人之一张伯苓在南开学校门口的大镜子上写的"镜箴"，堪称对师生形象要求的典范。"镜箴"如下："面必净，发必理，衣必整，纽必结；头容正，肩容平，胸容宽，背容直；气象，勿傲、勿暴、勿怠；颜色，宜和、宜静、宜庄。"

2. 教学的策略艺术

教师教学的策略艺术，表现在教学过程中综合运用教学方法体系和技能技巧之中。如教学内容组织的适度、有序，教学方法和教学手段应用的娴熟、流畅，教学过程中时、空、度控制的得法，对偶发事件处理的巧妙等，都反映教师教学策略的艺术。

3. 教学的语言艺术

教师的教学用语是一种特殊的专业语言，不是一般的口语，也不是书面语言，而是融科学性、专业性、教育性、通俗性、亲和性于一体的教学语言，要求密度适中，清晰生动，节奏明快，丰富形象，富有感染力、说服力。

4. 教师的技能与技艺

教师的交往、合作、组织的技能，形体语言技能，实训、实验的操作技能，板书、绘图、示范等动作的规范、熟练、标准、优美，都表现为一种技艺之美。

5．教学风格

教学风格是具有教师个性特征的教学特点的外部表现。教师的个性气质不同，在教学中可能表现出严谨细致、热情豪放、幽默风趣、刚健稳重等不同的教学风格。教师的教学风格对学生有很大的感染力，是教师教学魅力的重要方面。

第四节　职业教育的实训教学

一、实训教学的目的与任务

（一）实训教学的目的

职业教育的实训教学，是指对学生职业技能的实际训练，即在教师的组织下，学生从事一定的实际工作，综合运用知识于实践的教学活动。由于职业教育培养的是应用型人才，要求具有对自己从事的岗位工作任务的实际操作技能，因而，职业教育的实训教学不同于一般的实践教学。实训教学与实践教学的区别是，实践教学范围较宽，普通教育和职业教育中的参观、考察、社会实践、教学实验都是实践教学，不一定具有职业技能的针对性；而实训教学则是针对岗位职能的实际训练。实训教学的范围比一般学校目前所称的生产实习教学要宽，生产实习教学适用于生产或某些服务性岗位，有些岗位的实习则不具有生产实习的性质，如法律事务专业的模拟法庭实习、卫生教育中的各种临床实习等不属于生产实习，但都属于实训教学。

实训教学的目的是，使学生获得从事本专业所必需的操作技能和应该达到的熟练程度。操作技能包括动手能力，但不等于仅为动手能力，还包括对一项工作任务的运作能力、管理能力、合作能力、协调能力，一定的创新能力等。实训教学反映了职业教育的特点，是实现培养目标的重要手段。

（二）实训教学的任务

实训教学的任务可归纳为如下几点：一是实现全面教学。理论教学是达到认知的一个途径，但所得到的知识不完整，还必须通过实践达到理论与实际相结合的全面认识，实现全面教学任务。完整的学习过程至少包括学习、思考、记忆、表达、传递及行动。心理学的研究认为，学习的效率听觉占20%，视觉占30%，二者相加为50%，如果加上自己动手可达90%，因此，在学习中手脑并用是最好的途径。实训教学可以深化和补充理论教学，使之成为可以应用的能力，同时促进理论课的学习。二是培养和训练熟练的技能技巧。职业岗位所需的技能和技巧是需要通过严格的、系统的训练获得的，即通常所说的"科班出身"。通过实训中教师的示范、学生模仿、反复练习，才能达到教学目标所要求的能级。三是培养学生的思想道德品质，包括职业道德、职业纪律、法律意识、质量意识、安全意识、环境意识等，学生只有在实际的作业环境中，才能深刻了解它们的意义和重要性，养成良好的职业习惯。四是全面发展学生的智力和体力。五是通过实训，熟悉职业环境，培养学生职业的适应能力、创业能力、合作共事的能力、公共交往能力，使学生能顺利地从学校走向社会，就业或创业。

（三）实训教学的基本要求

实训教学应符合下列要求：

1. 全面性

实训教学要达到面对全体学生，使每一个学生都能学到教学大纲所要求达到的全部教学任务，不能支离破碎，或只学习其中的某些部分或环节。

2. 实用性

实训教学要达到对学生职业能力进行实际训练的目的，不可放任自流，走过场或华而不实。

3. 生产性

实训教学要尽可能做到与现实的实际生产或工作任务相结合，做到生产性实习，以增加实训教学的效度，降低实习成本，使学生在生产或工作过程中学习，受到实际的锻炼。

4. 创造性

实训教学要充分发挥学生在理论结合实际上的积极性和创造性，要有一定的创造性成果。

5. 安全性

在实训中要保证学生的安全，不能在有毒有害的环境下作业；每天学习与劳动的时间总计不得超过 8 小时；未满 16 岁的学生，不参加夜班劳动；对女学生，要按相关女职工禁忌劳动范围的规定执行。要对学生进行安全生产教育、劳动卫生教育、环保教育，由于无知而造成职业性的伤害是不允许的，情节严重的要追究法律责任。要培养学生具备安全生产、文明生产的意识和行为习惯。

二、实训教学的实施

（一）技能的形成

1. 技能的构成

技能是指一种后天学得的、能够熟练进行某一作业项目或工作的能力，是人们通过练习而形成的动作方式、动作系统或智力活动方式。现代认知心理学认为，技能是个人习得的一套程序性知识，是按这套程序完成任务的能力。从动作的"内""外"之别，可以把技能分为心智（智力）技能和动作技能。心智技能指借助言语在大脑内部，以一定程序组织起来，并能顺利完成某种认知活动任务的复杂的智力动作系统，即在头脑中进行的动作方式或智力活动方式，如法律工作者的法律解释技能、法律推理技能、讯问技能、文书制作技能等。动作技能指借助骨骼、肌肉和相应的神经过程来实现的，通过练习巩固下来的自动化的、完善的动作活动方式，如驾驶、射击等。在实训中，两种技能都要得到训练和发展，但心智技能往往具有隐蔽的性质和个性的性质，如何将其分解、程序化为一种显性的、可以学习的过程，是这方面实训的重点和难点。需要注意的是，技能中的心智技能，特别是复杂的心智技能与能力之间并非泾渭分明。

2. 操作技能的形成

技能训练是为了有效地从事某职业活动而必须进行的、特殊能力的学习及其培养过程，通过技能训练形成学生的职业技能。其中，与操作技能相关的概念有以下几个：

（1）动作：机体的全身或身体的一部分运动。

（2）动作模仿：仿效特定的动作方式和行为方式。

（3）操作：协调或熟练地运用设备与材料。

（4）操作活动：由一系列外部动作构成的一种随意行动，如写字、作画、体操，生产中的锯、刨等活动。

（5）操作技能：通过练习形成和巩固起来的一种合乎法则的随意行动（活动、运动）方式，也称动作技能。

3. 操作技能形成的步骤

（1）技能定向

了解动作活动的结构，所要掌握的动作由哪些要素构成，各动作之间的关系，动作的顺序，动作的方式，学生通过观察、记忆、想象等获得相关的表象。

（2）学习模仿

学生按照教师对动作的示范进行模仿，获得对动作的实际体验和进行被分解了的与综合了的各种动作。

（3）动作整合

对动作进行修正、整合，逐步排除干扰因素、错误的和不必要的动作，形成连贯性的、完整的动作。

（4）动作定式

通过反复练习，获得熟练技巧，形成一种动作的定式和动作的自动化，进而向完美发展。

一定的技能是以相关的知识为基础的，如没有相应的法律知识，法律技能的形成便无从谈起。一定的能力是掌握知识、技能的必要条件，而掌握技能的过程又是形成能力和使能力得到发展的过程。能力比一定范围的具体的技能具有更大的和更广泛的迁移作用。如驾驶技能可以解决开汽车的问题，而由开汽车所获得的各种能力，如注意力分配能力、记忆力、标志识别能力、合作的能力等，则可以帮助人们解决新的问题。

（二）职业学校实训教学模式

1. 实训类型

根据实训的目标和要求，实训可以分为不同的类型。

（1）并行课程

并行课程是指实训课程与理论课程并行，同时开设，如日本职业高中的实训课程，自成系统，连续三年开设；或实训与理论课程交互进行，如德国的双元培训，在学校学习理论后即在工厂进行实际操作；也有在课堂上同节课中实训教学与理论教学交互进行，如讲授使幼儿认识某种人，动物或物的原则、方法，同时进行示范，学生模仿进行实际操作，再进行讲评，复习所讲理论。

（2）单项技能训练

单项技能训练是指为获得和巩固某项单项技能、形成熟练技巧而进行的训练。如电脑录入、注射、钳工刮平面等。单项技能训练要做到循序渐进、针对性强、技能互补。

（3）综合实习

综合实习是指为获得综合能力而进行的实训项目，如岗位实习、毕业实习等。综合实习要强调系统性与综合性，实习内容要尽可能涉及本专业（职业群）的全部业务与主干课程的知识和技能，还应包括相关的一些知识和技能。

在职业学校实训教学中，这三类实训一般是分阶段，呈螺旋式上升进行的。以财务会计专业为例，实训教学的安排是：第一阶段，为一般课堂实践教学，通过各专业课分散进行，使学生首次接触、了解和认识某项技能。第二阶段，为阶段实训，由实训课程组成，相对集中，达到使学生熟练掌握专业技能的目的，促使知识和技能向能力转化。内容如基础会计、工业会计（财务会计）、商业会计（成本会计）、统计、计算机基础及应用、会计电算化等。实训方式有专题实训（如珠算）、过程实训（如某项会计业务工作的过程）和分步实训（对一门课程中的主要技能分步进行训练，如组织批发和零售业务）等，不强调实训课程的综合性。第三阶段，为综合实习，包括学年社会调查、毕业实习等，以毕业实习为主，强调实习的全面性和综合性。

2. 实训教学模式

不同的实训组织形式、实训方式和场地条件等构成不同的实训教学模式。

（1）校内模拟实习和校外实习结合的实训教学。

有些专业由于工作岗位的特殊性，学生很难真正上岗实习，如财会专业，校内模拟是这个专业实践性教学的主要形式，大都采取通过编制仿真实习资料，制作仿真用具，模拟企业的经营运作过程等方式进行实训，在学生毕业实习时尽量创造条件，使其能够进行社会实践。

（2）专业教学和校内实习基地结合的实训教学。

这种实训方式是，按照专业教学的需要，建设校内实习基地，如农场、果园、养殖场、实习工厂、模拟病房、餐厅、客房等，学生通过学校的实习基地进行实训。这种形式要求专业须有相对的稳定性，与之配套的校内实习基地应具有设施的先进性、效益的示范性、管理的规范性和与教学结合的紧密性。校内实习基地的优点是可以密切配合教学，为教学服务，不受社会生产的限制，学生可以反复地进行实习操作，达到熟练的程度。但有些专业所需的大型的、复杂的、昂贵的设备，一般学校没有条件设置，在实训条件上有一定的局限。

（3）骨干专业与校办企业相结合的实训教学。

这种形式即所谓"围绕产业办专业，围绕专业办企业，办好企业促专业，办好专业促产业"，即根据地区产业结构和经济发展需要设置专业，根据专业举办专业承包式或独立建制式的校办产业，以此作为学生实训的场所。这种模式的优点是具有真实的生产环境和生产全过程，学生可以得到比较全面的锻炼。

（4）校企结合的实训教学。

校企结合进行实训有两种形式：一种是由行业企业举办的学校，如宝钢技校、石油技校等，学生在校学习，到主办企业进行实习；另一种形式是校企联合办学，或学校有定点实习单位，学生在学校学习，在联办或定点企事业进行实习。这两种实训方式，学生都可以上岗实习，参与实际生产过程，可以接触最新技术，获得在学校学不到的知识、技能，有利于毕业生就业。但我国没有如德国双元制培训那样的立法保障，特别是不是企业直接举办的学校，往往缺乏专为实习而设置的设备和指导师傅，有时受到社会生产的限制，不能达到全部的教学目标。

（5）"一条龙式"和"三边式"实训教学。

这是我国农村职业学校创造的教学方式。"一条龙"指教学、科研、生产、示范、推广一条龙的教学模式。学生参与学校一定的科研项目或示范项目，参与实际生产，参与农业科技推广，在这个过程中进行实训教学。"三边式"是学生在校学习，回家利用家庭生产条件进行实验，也可以认为是一种半工半读的学习方式。实践证明，这两种实训方式在培养学生的职业能力上具有独特的优势。

（三）现代化实训手段

现代化实训手段是指将计算机和网络技术应用于实训。目前主要有以下三种形式：

1. 模拟实训教学

模拟是指利用计算机网络技术，仿照真实环境或情况，学生可以利用仿真的情景，获得处理业务或问题的经验。如"模拟公司"，20世纪50年代起源于德国，根据设置的不同的产品和服务项目，学生可以在此进行营销、财务、金融、贸易、储运、税务、海关、保险、证券等业务过程的模拟活动，按现实经济活动中通行的运作方式，学习全部业务操作过程。由于其资金、货物是虚拟的，因此，不存在承担经济活动风险的问题。

模拟公司在20世纪80年代在世界范围得到迅速发展。据不完全统计，至1998年，已有30多个国家，建立了2775个模拟公司。有的国家还成立了模拟公司协调中心，负责本国模拟公司之间的业务往来和人员培训，及与他国的模拟公司的国际商务和协调交流活动，并建立了国际性模拟公司组织"EUROPEN"协会。该协会负责组织一年一度的"模拟公司国际博览会"。

从1994年起，我国上海、北京、浙江、山东等地的学校也开始引进模拟公司。温州职业技术学院建立了商务模拟公司网。模拟教学是目前使用比较广泛的一种现代化教学手段，其他还有各类的模拟装置，如轮机驾驶模拟装置、汽车驾驶模拟装置等。

2. 仿真实训教学

仿真是应用计算机技术，可以不使用实物在计算机上进行仿真设计和实验等教学活动，如风洞实验、水泥熟料煅烧工艺仿真过程等。

3. 虚拟实训教学

虚拟是应用三维计算机图形学技术、多种功能传感器的交互接口技术、高清晰度显示技术，利用头盔显示器、手套，通过构造的虚拟环境，设计景物和模型，使操作者在交互设备的作用下，通过视、听、触觉等感受，达到如身临其境的虚拟效果，进行操作培训。

20世纪40年代，美国开始设计飞行模拟器。1968年，研制出世界上第一个头盔显示器。1986年，研制成世界上第一套较为完整的多用途、多感知的手套。1990年，在第17届国际图形会议上，第一次展示了虚拟现实的产品。虚拟技术是一项新兴的高科技，我国目前已有一部分职业学校开始使用虚拟数控加工中心培训系统。

（四）实训与技术等级证书

学校的实训教学，应尽可能与国家技术考核标准相衔接，使实训更具有规范性。同时，取得技术等级证书，特别是多种证书，有利于学生就业和转换职业。这里以无锡商业职业技术学院的电检测与维修高职专业的综合实践能力训练为例，解析如下：

1. 基本能力

基本能力是指电工电子产品组装维修能力，包括稳压电源设计制作、维修电工实训、万用表组装与调试三项，获得"维修电工初级证书"。

2. 专业能力

专项能力分为4个方向，学生可任选2～3个方向。

（1）电子产品维修能力。包括音响设备维修实训、电视机装配与维修、影碟机维修实训三项，获得"音响设备或视频产品维修等级证书"。

（2）制冷设备维修能力。包括焊接实训和电冰箱空调器维修实训两项，获得"制冷设备维修等级证书"。

（3）办公通信设备维修能力。包括办公通信设备使用与维修实训，获得"计算机维修上岗证书"。

（4）家电市场经营与管理能力。包括家电市场与经营和推销员考证实训两项，获得"推销员等级证书"。

第四章　职业教育师资培养分析

第一节　职业教育师资培养的必然取向——专业化

教师专业化是近年来世界各国教育改革关注的热点之一。教师专业化已有一百多年的历史，在其发展过程中，教师专业化的概念逐渐从社会学意义过渡到教育学意义，其中心议题从关注教师外在的社会地位的提升转向关注教师内在的专业发展。这种转变的意义重大，使得教师教育或师资培养从职业定向转向专业化的师资培养。毋庸置疑，职业教育教师（以下简称"职教教师"）在这一历史过程中毫无例外，职教教师专业化逐渐从职教教师职业的专业化过渡到职教教师本身的专业发展，这种转变势必要求职教师资培养走向专业化。由于职教教师与普通教育教师的专业发展内涵不同，两者的社会地位也不同，使得这种职教师资培养的专业化显得迫切。

一、专业、专业化与教师专业化

"专业"（Profession）一词，最早是从拉丁语演化而来的，其代表的文化内涵在不断变化。在早期，"专业"偏向社会学概念。1893 年，法国社会学家埃米尔·涂尔干在《社会分工论》中专门讨论了社会分工与职业问题。针对"专业"概念的不同理解，社会学家弗雷德逊总结了两种看法：第一种看法，专业是一个较宽泛且具有一定威信的职业群体，该群体成员都接受过某种形式的高等教育，成员身份的确定主要是根据学历，而不是他们专有的职业技能；第二种看法，专业是一个有限的职业群落，这一群落中个体都有特定的，或多或少类同的制度和意识形态属性。只有第二种理解，才允许将"专业主义"（Professionalism）作为一个职业发展的模式。对于成熟专业究竟具备哪些相似的且有普遍意义的"专业特质"，研究者给出了不同的说法。如学者特纳和霍奇认为，判断一个职业是否为专业，需要关注四个方面的问题：①指导其实践的理论和技术水准；②对其活动的垄断程度；③社会对其承认的程度；④其组织化程度。也有学者在总结了不同研究者提出的专业属性后，进一步提炼了判断成熟专业的六条标准：①一个正式的全日制职业；②专业组织和伦理法规；③知识和教育；④服务和社会利益定向；⑤社区的支持和认可；⑥自治。专业标准确定后，人们根据专业标准将专业从众多普通职业中区分开来，把不同职业从高到低进行排序。专业不仅涵盖了统一的专业人员身份，还包含了排他性的市场保护。

"专业化"指非专业或者不成熟的职业群体向成熟专业发展、转变的过程。任何一个新兴的职业，总是希望通过模仿较为成熟的、被社会认可的专业所具备的特质，从而使得该职业成为专业群体中的一员，并获得相应的社会地位。从社会学视角来看，专业化成了一个职业群体自下向上流动的主要手段。最早的专业，如医生、律师、教师和神父，可追溯到中世纪的欧洲。然而，直到 18 至 19 世纪，经过漫长的专业化过程，这些职业才开始体现出专业的内涵。如今，医生、律师等职业在多数国家中被视为"成熟专业"的典型代表，体现出相应的专业特质。

"教师专业化"是职业专业化的一种，是教师这门职业由不专业向专业发展的过程。教师专业化是职业专业化的一种类型，是指教师个人成为教学专业的成员并且在教学中具有越来越成熟的作用这样一个转变过程。历史上，教师专业化和专业主义关系密切。从中世纪的大学出现医学教育和法学教育模式开始，专业主义就与大学有天然的联系。医生和律师必须经过严格的训练才能获得的知识系统，使得他们的职业在社会上享有极高的声誉。到了19世纪中后期，随着研究生教育的发展，美国大学内部陆续建立了与特定职业相关联的专业学院。随着专业教育的发展，教师培养机构逐渐从师范学校发展成为教师学院，继而成为大学中的专业学院，可谓教师在逐渐寻求专业地位的过程。"二战"后，为了提高教师质量，教师专业化运动逐渐兴盛起来，"教学工作是不是一门专门职业""教师是不是专业人员"等问题，成了社会上讨论的热点。联合国教科文组织曾在巴黎会议上发表《关于教师地位的建议》，明确指出："教育工作应被视为一种专业，这种专业要求教师经过严格且持续不断的研究，才能获得并维持专业知识和专门技能，从而提供公共服务。"可以说，这是第一次国际教育学者和行政人士对各国教师地位给予的专业认可。1993年，我国颁布的《中华人民共和国教师法》对"教师"的概念作出清晰的界定："教师是履行教育教学职责的专业人员，承担教书育人，培养社会主义事业建设者和接班人、提高民族素质的使命。教师应当忠诚于人民的教育事业。"这是我国第一次以法律文本的形式，界定了教师职业是一种专业化职业。

二、教师专业化的中心议题是教师专业发展

如上文所述，教师专业化运动已有上百年的历史，但遗憾的是，教师在追求其职业专业化的过程中，并没有获得与医生和律师一样的专业地位，在很长

一段时间内都被看作"成熟专业"和缺乏技术含量的普通体力劳动者之间的职业形态，被贴上"半专业"或"准专业"的标签。到底是什么阻碍了教师专业化前进的步伐呢？根据上述"专业特质"的分析，专业化程度越高的职业，其社会声望、经济地位和政治权力越高。因此，作为"准专业"的教师职业，其所关注的必定是对照成熟专业的特征，并设法让自己拥有上述各项指标，从而实现自身专业化的目标。这种逻辑突显了特质模式专业化的本质特征，即将专业的组织形态特征作为研究和关注的焦点，而对不同职业在其工作实践中的具体表现忽略不计。之所以如此，是因为教师专业化的运动肇始于以医学教育和法学教育模式为代表的专业教育，人们更容易倾向于从医生和律师等这些已被认可的专业的组织形态中，总结成熟专业应具备的基本特征，为教师等后来者这些不成熟的却期待专业化的职业提供效仿的路径。然而，从专业社会学角度来看，教师专业化追求的其实是一种"外在的特质"，是对专业形式的过度关注，实际上缺乏对本职业内容的细致推敲和精心构建。因此，任何对照医生、律师等已获得专业认可的标准来进行的教学行动改革，都无助于教师专业化目的的实现。

那么，教师专业化发展，该如何寻找一条可行的发展道路呢？事实上，教师或教学更属于一种技艺型专业，与医生、律师等职业相比，具有无特定的知识基础、工作高度不确定性等特征。教师专业化应该关注技艺意识的养成，而不是不加选择地照搬医生、律师等专家型专业模式。从"二战"后逐渐兴盛起来的教师专业化运动来看，作为专业化运动的一个转向，教师专业化研究开始注重将外部的评价标准同教师内在的专业伦理、知识与能力整合到教师培养和培训的过程中。研究者逐渐意识到，由于教师专业本身具有的特点，使得从社会学角度讨论教师专业化逐渐失势，人们开始更多地从教育学的角度探讨教师教学水平的提高、专业知识和技能的发展等问题。为了与社会学意义上的专业化研究取向相区分，教育研究者特别把这种强调教师个体内在专业特性的提升，关注教师个体的专业知识、专业技能、专业情意、专业自主、专业价值观、专业发展意识等方面由低到高、逐渐符合教师专业人员标准的过程称为"教师专业发展"。

可见，社会学意义上的教师专业化，关注其与成熟专业相比的社会地位的等同，实际上关注的就是这种教师专业化的群体的外在维度，而教育学意义上的教师专业化将关注的视角重新放在教学上，探寻教师内在的专业性的提升。因此，仅仅从静态的角度诠释职业专业化的"教师专业化"是不够的，而从动态的角度来看，教师专业化应是教师通过严格、专业、系统的训练和自身主动学习，逐渐成为一名专业人员的过程。这个过程不仅需要教师本身的努力，更需要良好的外部环境来促成教师专业的发展，如专业的职前教育、在职培训的条件和机会等。显然，在这种分析框架下，教师专业化的中心议题将从原来的关注教师社会地位提升转向关注教师的专业发展，即如何提升教师内在专业性，才应是教育学意义上教师专业化的中心议题。

三、职教教师专业发展要求职教师资培养专业化

随着教师专业化议题的转向，20 世纪 60 年代以来，教师专业发展成了世界各国教育改革的主题与潮流，职教教师专业发展也逐渐进入人们的视野。毫无疑问，职教教师是教师队伍中的一部分，因此，讨论职教教师专业发展问题离不开教师专业发展的普遍性认识，但同时我们必须认识到，职教教师不仅应具备教师职业所有的基本特征，还应有其独特的内涵和区别于其他类型教育教师的职业特点。回溯职教师资培养的历史，我们会发现促进其专业化的主要历史性因素是：工业化经济背景下技术型劳动力的匮乏和社会秩序不断演变中对社会融合的需求。职教教师对于促进劳动力职业技能的提高发挥着重要作用，"职业性"是职教与普通教育的根本区别，因此，有必要对职教教师专业发展的内涵作出说明，即具体表现为职业教育教学的能力，应从职业性的需求出发去思考教育性的结果。这对职教教师而言，所涉及的知识领域，既要包括普通

教育学和教学论知识，又要包括职业教育学和职业教学论知识；既要掌握普适性的专业及学科结构的科学知识，又要掌握特殊性的关于职业及涉及职业运行的工作过程知识。这就是国内众多学者将"职教教师"这一职业界定为既掌握师范技能又精通专业技术的"双师型"教师的原因。可见，职教教师专业发展的内涵不同于普通教育教师专业发展的内涵，这就要求职教师资的培养必然走向不同于普通教育师资培养的专业化道路。

从历史上来看，师资培养专业化是随着师范教育的出现而发展起来的。美国 1839 年兴办了第一所师范学校，英国 1840 年开始兴办师范学校，德国在 19 世纪初期开始举办教师教育。这说明，从 19 世纪开始，有组织的师范教育不断发展，经过一百多年的建设，各国教师教育已经高度组织化。过去，由于世界各国把教师看作一种职业，对教师的培养也仅仅着眼于对学生所教学科知识的传授，因此，这种传统的教师教育被称为教师职业定向教育。它是一种规定性的教育，学生只要进入师范学校，就被规定为教师，有足够的学科专业知识即可。而随着教师专业化议题的转向，教师教育发生变化。20 世纪 50 年代以来，各国为提高教师的素质，逐步提高了对教师教育的要求，纷纷建立了严格的教师资格和教师教育认定标准等。现在的教师要求接受严格的专业训练，要求掌握系统的普通文化知识、学科专业知识、教育学科知识、教育教学方法等，教师教育走上了专业化的道路。在这个过程中，教师专业化和教师教育专业化（或者师资培养的专业化）有错综复杂的关系：一方面，教师专业化从社会学意义到教育学意义的转变，使得人们对教师的关注点从教学以外转到教学工作本身，这使得教师专业化的中心议题从关注教师社会地位的提升转到教师专业发展上来；另一方面，与过去将教师专业化视为教师职业专业化的过程相适应，传统的教师教育以职业定向型的教育形态存在，而随着教师专业发展的议题进入人们的视野，为提升教师内在专业性，教师教育或师资培养逐渐走向专业化。

基于上述分析，教师专业发展要求教师教育的专业化，职教教师也不例外。

职教教师的专业发展要求职教师资培养的专业化。但正如前文所述，职教教师专业发展的内涵与普通教育教师专业发展的内涵有所不同，且职教教师的地位与普通教育教师尚有差距，这使得职教教师教育专业化尤为迫切。职教教师教育应该以职教教师专业发展特点与规律为依据，组织相应的课程内容，采取特定的培养方式，进行针对性的培养，这是其他教育类型所不能替代的。

第二节　职业教育师资培养专业化的知识观照

随着世界范围内各国教师教育的改革，师资培养在外在形式上逐步走向"专业化"的道路。然而，若不对教师内在的专业发展内涵进行把握，教师教育的改革无疑会犯"重形式轻实质"的错误。为把握师资培养专业化的内在实质，本节从知识论的视角进行探讨，提出师资培养的专业化首先要关注教师的实践知识。而20世纪80年代舒尔曼提出的PCK指向了最直接的实践教学，可谓教师实践知识中的核心部分，为师资培养的专业化提供了新的视角。为此，本节将PCK理论应用于职教师资培养领域，并将其再概念化为VPCK，以为本研究提供一种理论工具。

一、师资培养专业化要关注教师实践知识

教师专业发展与教师教育或师资培养的专业化是一脉相承的关系。教师专业发展要求师资培养的专业化，同时师资培养的专业化是为了教师专业发展的实现。随着人们对教师专业发展认识的深入，教师教育专业化改革日益高涨。

如各国的大学把教师教育作为一种专业来办，按照专业的基本要求设置培养目标，开设有关课程；各国的多数大学都设有教育学院和教育研究生院，这些学院和研究生院与大学的其他学院具有同等的地位；各国不少大学都授予教育学士、硕士和博士学位，这些学位与其他的专业学位是一样的。除了有形的机构设置以外，教师教育专业化还包括无形的制度设计，如制定教师资格认证标准、建立教师资格认证考试制度等。

职教教师教育的专业化也不例外，如创办或开设专门的职教师资培养院校或院系，授予相关职教师资方向的学位，建立职教教师资格制度，等等。很显然，这种教师教育的专业化所带来的是教师专业教育与学科教育的逐渐分离。与此同时是教师教育的普通化，即不分学习者年龄阶层和学科领域的普通教育理论和教育原则。然而，这种分离化、普通化的体现是多方面的，不仅体现在教学机构、运行机制与教学安排上，还体现在课程内容上，使得按照教育思维组织的教育科学课程和学科课程没有很好地联系起来。如美国20世纪以来的教师教育改革就体现了这种分离化的特点，学生的学科知识在文理基础学院里获得，教育专业知识则在教育学院里获得。与这种分离化、普通化的教师教育模式相适应，教师资格认定、证书考试、教师评价及教师教育研究等领域也呈现并行的两条路线。

与此同时，为了进一步推动教师教育专业化的发展，近年来各国不断出台了各种关于教师教育的宏观政策。如我国20世纪90年代以来强调教师教育职前职后一体化，鼓励综合性大学兴办师资培养，实现师资培养体制的多元化发展等，甚至政府为了培养教师储备人才，让未接受过教师教育的学生在通过几门教育学课程考试及试讲之后，就为其颁发相应的教师资格证书。这些教师教育的宏观政策对职教师资的培养影响深远，职教师资培养在形式上不可避免地加入了这场所谓"专业化"的改革中。然而，这种教师教育的改革只局限在外在形式上的专业化，如机构的设置、宏观上的体制改革等，对于教师内在的知识基础、专业能力等内涵则较少关注。

既然教师教育或师资培养的专业化要从教师专业发展的内涵上把握，那么什么才是教师专业发展的内涵，或者说教师专业发展的基础是什么呢？可以说，教师专业发展的基础有很多，包括思想基础、素质基础、知识基础、能力基础等。但知识基础是立足之根本，这是因为教师的知识和认知会影响教师教育教学的各方面，教师知识的深化才是促成教师自身学习和发展的主要途径。

通过上述分析，可以基本确立教师专业发展的知识基础在教师教育专业化中的核心地位。那么，什么样的知识才能构成教师专业发展的知识基础呢？专业知识是指某职业群体拥有能充分反映其职业实践活动内涵和规律的知识和技能。对此，很多人认为只要教师具备了足够的教学理论知识，就能表现出适切而有效的教学行为，因此，把不断进修教学理论作为教师成长的必备条件。然而，仅仅让教师学习各种教育理论，还不能保证其高效的教学行为，目前还存在很多教师学了教育学、心理学，可还是不会教书的现象。这是因为按照特质理论进行比较分析，容易忽略教师与医生、律师等职业不同的特征，因此，也就忽略了教学专业的知识基础显然不同于医学等传统专业的事实。

虽然学术界已经概括了一系列教育理论和教学原则，但还是不能完全有效地指导纷繁复杂的教学活动，教学活动必须要有教师实践性知识的支持。教师实践性知识包括教师在教育教学实践中实际使用和（或）表现出来的知识（显性的和隐性的），是教师内心真正信奉的、在日常工作中"实际使用的理论"，支配着教师的思想和行为，体现在教师的教育教学行动中，即教师真正信奉并在其教育教学实践中实际使用和（或）表现出来的对教育教学的认识。这种知识的建构和发展基于教师的主观知觉与个体经验的融合，它针对教学情境中的实际事务，致力于问题的解决与意义的重新诠释。毫无疑问，实践知识指向教师的教学活动实践，能够解决"怎样教"的问题，同时有利于发挥教师的个性特点，为教师的专业发展提供建设性工具。可见，实践知识才是教师教学活动背后真正起作用的知识，教师实践知识的开发比教师学科知识、教育理论的灌输以及教学技艺的模仿更为重要。

至此，上述分析已经提供了一个非常清晰的逻辑与路线，即教师教育或师资培养的专业化不能只关注外在形式的专业化，而更应该关注教师内在的专业发展。教师专业发展的知识基础是其立足之根本，而在教师具备的各种知识中，实践知识才是教师专业发展的知识基础。因此，教师的知识才应当作为教师教育改革的实际起点，教师教育或师资培养的专业化尤其要关注教师的实践知识。

二、师资培养专业化的新视角

师资培养的专业化最终的着力点要落在教师实践知识的培养上。事实上，实践知识是一个非常复杂且丰富的范畴。有学者对教师实践知识的构成进行了分析，认为此类知识包括六个方面的内容：一是教师的教育信念，即积淀于教师个人心智中的价值观念，通常作为一种无意识的经验假设支配着教师的行为；二是教师的自我知识，包括自我概念、自我评估、自我教学效能感、对自我调节的认识等；三是教师的人际知识，包括对学生的感知和了解，热情和激情；四是教师的情境知识，主要通过教师的教学机制来反映；五是教师的策略性知识，主要指教师在教学活动中表现出来的对理论性知识的理解和把握，主要基于教师个人的经验和思考；六是教师的批判反思知识，主要表现在教师日常"有心"的行动中。各部分的知识内容相互联系、相互影响，但各部分知识内容的强度和力量存在差异。如上述教师的策略性知识，包括对整合了学科内容、学科教学法、教育学理论的学科教学知识（PCK）的把握，指向最直接的实践教学，可谓教师实践知识中的核心部分。

PCK 这一术语的出现，肇始于美国教育学家舒尔曼于 1985 年在全美教育研究协（AERA）上的演讲。随后，舒尔曼根据演讲的内容撰写了《教学中的知识增长：当前的理解》，随着其"续篇"——《知识与教学：新的改革的基础》的发表，这篇论文成了舒尔曼最有名的作品。舒尔曼关于教师可能拥有的专门知识——"学科教学知识"的假设，在教学领域产生了巨大的影响。

PCK 的提出是基于舒尔曼对历史上与当代的研究试图回答教师的知识和技能问题的审视。他认为，教学研究长期忽视了"缺失范式"：研究者探讨了教学的一般性问题，但未能理解教师是如何教授教学内容的。对此，他提出，教师需要具备许多不同类型的知识，包括内容知识、学科教学知识和课程知识。学科教学知识超越了学科知识本身，而关注学科知识的教学维度。在舒尔曼归纳的学科教学知识的分类中，包括了某一学科领域最常被教的主题，哪些观念的最有用的表述形式，最有力的类比、图解、例证、解释和演示，即包含了能够使该学科被他人理解的各种方式。一开始，舒尔曼将学科教学知识与学科知识、课程知识并列归入内容知识。随后，舒尔曼意识到这种归入方式的不合理性，指出教师知识基础有七个类型：内容知识，一般教学知识，课程知识，学科教学知识，有关学习者及其特性的知识，教育情境知识，有关教育目的、目标、价值及其哲学和历史基础的知识。这时，学科教学知识已从内容知识中分离出来，是教师特有的关于学科内容和教学法的结合物，是教师自己的有关专业理解的特定形式。具体而言，学科教学知识指教师将学科知识转化成学生容易理解的形式的知识。除了 PCK 的内涵，舒尔曼还对 PCK 的生成进行了阐述。他认为，学科教学知识是由学科知识转化而来的，转化需要下列过程的组合或排列：①准备给定的文本材料，包括批判性解释的过程；②用新的类比、比喻等方式表征观点；③从一系列教学方法和模式中作出教学选择；④使教学适应学生的一般特点；⑤使教学适应班级学生的具体需要。这些转化的形式，把教师的个人理解转为他人理解的过程，正是进行教学推理的本质。根据舒尔曼关于 PCK 内涵和生成的阐释，学科知识的表征和学生对于学科知识的概念理解与学习困难成了 PCK 的核心部分。PCK 被认为是最能区分教学专家与学科专家、高效教师与低效教师的一种知识。

PCK 自舒尔曼于 20 世纪 80 年代提出后,在世界范围的教学领域产生了巨大的影响。各国研究者在舒尔曼的基础上继续对 PCK 进行发展和完善,具体体现在:一是对 PCK 定义和构成成分的发展,如格罗斯曼在舒尔曼关于 PCK 核心要素的基础上,在其提供的知识模型里增加了"有关特定主题教学目的与信念的知识"和"课程知识"。二是引入新的理论视角对 PCK 进行建构,如科克伦从心理学的角度用动态的"认知"概念取代静态的"知识"概念;威尔从布鲁姆目标分类的角度将 PCK 进行分类,分为一般的、特定学科的、特定领域的、特定主题的 PCK。三是关于 PCK 的实证研究,如借助舒尔曼 PCK 的核心要素、内容表征工具(CoRes)和教学经验库(PaPeRs)帮助教师教育者了解 PCK 现状、发展职前科学教师 PCK,或者采用纸笔测试的形式,根据评分标准对试卷中教师基于教学情境的回答以及结合教师对学生的测量来综合评估 PCK。此外,还有基于量规型的 PCK 测量方式对教师在特定任务中的阐述、分析和教学设计等方面进行考察,具体考察方式也不仅限于纸笔测试,还可包括观察、访谈等。

总之,PCK 经过多年的发展,其内涵和外延不断丰富,应用范围越来越广,但至今人们对它的认识和理解似乎都尚未统一。但无论如何演绎 PCK,教师在特定的教学情境中,基于对学生和对学科内容的综合理解,选择适当的表征方式来帮助学生更好地理解与学习,这一基础始终没有动摇。因此,学科知识的表征和对于特定学习困难的教学策略的知识,以及基于学科内容对学生理解的知识是具有普遍共识的 PCK 核心。很显然,从知识论的视角来看,PCK 为教师专业知识以及教师的专业发展研究提供了新的解释,进而对教师教育或师资培养的专业化提供了新视角。

三、职教师资培养专业化的核心

由上文的分析可知,教师教育或师资培养的专业化是随着师范教育的出现而发展起来的。在这个发展过程中，随着人们对教师专业发展认识的深入，教师教育专业化也不再仅仅"甘心于"对外在形式"专业化"的追求，而意识到教师内在实质的"专业化"才是教师教育专业化之根本，教师的知识应该作为教师教育改革的起点。然而，在浩瀚如烟的知识视域，要把握教师知识并不容易。而作为最能区分教学专家与学科专家、高效教师与低效教师的 PCK，恰恰从知识论的视角揭示了教师专业发展的核心问题，也为教师教育的专业化提供了理论工具。

然而，PCK 的提出最初主要是针对中小学教师。随着 PCK 的发展，在普通教育领域，目前已出现了许多某一特定学科领域 PCK 的研究，如数学（Mathematics）PCK 为 MPCK，化学（Chemistry）PCK 为 CPCK，等等。但这一相关研究在职教领域还较为贫乏，职教研究专家基本上还是探索普通职教理论规律，无意顾及具体专业内容的研究。因此，PCK 的提出启发我们，可试图将这一理论工具应用于职教教师专业发展领域。区别于普通教育对"学科"的划分，在职教话语体系中，人们更习惯用"专业"一词来表述学生接受职教的"教学门类"，故在此我们将职教 PCK 称之为"职业教育专业教学知识"（VPCK）。

很显然，VPCK 这一概念的提出既能与普通教育语境中的 PCK 相区分，又能体现职教的特色。而 PCK 与 VPCK 最大的不同，源自"学科"与"专业"的区别。在普通教育语境中，课程内容及课程组织形式基本上还是按照学术体系的逻辑来选择与编排，这种逻辑所体现的教学活动的主要载体是学科，科学理论和普遍观念是学科课程的核心内容。因此，基于"学科"的 PCK，离不开教师从教育者的角度对学科内容或学科知识的把握与理解。而职教与普通教育最大的不同在于其职业性，因此，在职教语境中，"专业"更多地指向职业，是与职业形式的工作紧密相连的，而非来自基于学科知识体系的专业科学中的"专业"，其产生与形成是动态职业分析的结果。职教课程内容与课程组织形式的开发，也主要是采取了与学术体系相对独立存在的工作体系逻辑。显然，职教的"专业",既不是学科专业的"压缩饼干",又不是社会中各种职业的简单复制。而基于"专业"的VPCK,离不开职教教师从教育者的角度对职业性专业工作的内容及其关系的理解和开发,以及对实践者非学科性的知识——经验的处置、结构化以及评价。

基于上文对PCK内涵以及VPCK与PCK的区别的分析,我们可以试图对VPCK做如下界定:VPCK是指职教教师将专业知识转化成学生容易理解的形式的知识,职教教师知道使用操作示范、类比、解释、举例等一系列方式来呈现专业内容,并了解学生理解的难点。同理,在VPCK中,专业知识的表征与学生对专业知识的理解和学习困难是核心部分。需要指出的是,鉴于职教职业性的特点,这里的专业知识是关乎职业及涉及职业运行的工作过程知识,从"情境化程度"来看,不仅涉及关乎职业理论的陈述性知识,更涉及关乎职业技能操作的程序性知识;从职教教师专业知识的表征方式来看,不仅包括了与普通教育教师相类似的手段方式,更突出了职教教师操作示范等方式;从学生对专业知识的理解来看,不仅包括了学生对专业理论知识等显性知识的理解,更包括了学生对技能操作等默会知识的理解。

VPCK的提出,对职教师资培养的专业化具有重要的启示意义。

首先,体现在对职教教师职业身份的认识上。长期以来,我国学者对职教教师的培养讨论最多的就是"双师型"教师概念。基于不同的维度,学界对"双师型"教师有不同的理解,如基于教学能力分类的"双师",指的是既能传授理论又能指导实践的教师;基于资格证书分类的"双师",指的是既有教师资格证又有职业资格证的教师;基于知识结构分类的"双师",指的是既精通专业技术又掌握师范技能的教师。显然,工学结合、校企合作的职教本质的特征是"跨界"。然而,将这一特征运用到"双师型"教师的概念上显得勉为其难。这是因为,"双师"这一概念一开始是基于不同维度的分类来进行定义的,究竟教师怎么"跨"才能与职教的本质相适应,似乎无法说清楚。VPCK的提出能给我们提供思考,它是在专业知识、教育学知识和情境知识等相互作用、融合合成的基础上产生的，而不是简单的知识的叠加，因此不同于任何原来的知识。从 VPCK 的视角来看，职教教师需要的正是这种专业知识与职业教育学知识结合起来形成的新的知识，因此，职教教师绝不仅仅是"教师"和"工程师"两种职业身份上的简单叠加。很显然，我国本土化的"双师型"教师概念的格局过于狭隘，而 VPCK 有助于我们从知识基础的角度去重新理解职教教师的职业身份，这是职教教师培养专业化的首要前提。

其次，体现在对职教教师教育体制的认识上。如在培养机构方面，目前我国职教教师的培养更多地在教育学院进行，这与教师教育专业化所带来的"分离化"效果是分不开的；在课程设置上，职教教师的专业课程和教育学课程通常是"两层皮"，教学实践类课程通常得不到应有的重视；在教师资格证书的认证和颁发上，强调考生通过特定的教育学类考试，其假设前提是只要教师懂得普通职教原理，就能教好具体科目。而 VPCK 是几种相关知识相互作用、联系、整合而成的新知识，更是一种职教教师结合相关情境的实践性知识。职教教师教育的专业化，必须从教育体制上仔细思考教育学院与专业学院该如何更好地合作，职教教师的专业课程和教育学课程该如何融合，职教教师资格考试又该如何设计，以保证对职教教师 VPCK 的充分检验。

综上所述，VPCK 作为 PCK 在职教教师专业发展领域的"迁移"与发展，其内涵具有职教视域的独特性，且对职教师资培养的专业化具有重要的启示意义。正如 PCK 被认为是最能区分教学专家与学科专家、高效教师与低效教师的一种知识，VPCK 是当前最能区分职教教学专家与职教专家、高效职教教师与低效职教教师的一种知识。VPCK 在当今职教教师专业发展中具有重要地位，对 VPCK 的培养是职教师资培养专业化的核心问题。

第五章　高校学生管理工作

第一节　学生管理的内涵及外延

一、学生管理模式的概念及分类

学生管理是学校管理工作中的重要组成部分，是指学校在一定思想理论的指导下，经过长期实践而定型地开展各项学生管理工作的思维方法和操作方法。学生管理按学段划分，可分为小学生管理、中学生管理、高校学生管理等，这里主要讨论高校学生管理。高校学生管理的基本含义是，学校通过非学术性事务和课外活动对学生施加教育影响，以规范、指导和服务学生；丰富学生校园生活，促进学生发展成才的组织活动。

学生管理是学校对学生在校内外的学习和活动进行计划、组织、协调控制的总称，它是学校管理者组织指导学生，按照教育方针所规定的教育标准，有目的、有计划、有组织地对学生进行各种教育、管理和服务，使学生在德、智、体、美、劳等方面都得到发展，成为中国特色社会主义现代化事业的建设者和接班人的过程。学生管理工作是一项系统工程，它的具体内容包括众多方面，概括地说，它是以德育为主导，以智育为核心，以学风为重点，以党建带动全面工作。具体地讲，它涵盖了学生的学习、生活、思想教育，规范学生的日常行为、扶贫解困、就业指导等诸多方面。

高校学生管理的内容多种多样，从学生活动形式上可归纳为学生思想品德管理、党团组织管理、学习管理、生活管理、学生自我管理、班级管理以及行政管理、教育评价管理等。

二、学生管理模式的载体研究

高等学校面临三大任务，即人才培养、科学研究和社会服务。人才培养是高校学生管理工作的一个主要目标。高校学生管理工作面临的问题复杂多样，要得以有效展开和推进，必须寻找和依托合适载体并有效运用。

（一）何谓高校学生管理工作的载体

载体最初的定义是一个化学名词，是指能够贮存、携带其他物体的事物。现在的"载体"一词则被广泛地运用到各个学术领域。对高校学生管理工作而言，载体主要是承载和传递素质教育的媒介。

（二）高校学生管理工作载体的分类

高校学生管理工作的载体包括很多内容，并随着社会的发展变化而不断创新，大致划分如下：

1. 理论学习型的载体

理论学习型的载体包括课程班、课堂教育、会议等，它们的共同特点是为高校学生的成才培养提供理论基础，通过交互式的学习，掌握素质教育的一些基本原则和理论。

2.主题活动型的载体

主题活动型的载体包括学生社团、党团活动、校园文化创建、社区活动、各类社会实践、军训、首日教育等，它们的主要特点是依托外在不同的活动内容，将教育的理念的精髓贯穿其中，通过广大青年学子喜闻乐见的形式进行有效传输，从而达到人才培养的目的。

3.信息网络型的载体

信息网络型的载体包括微信、电子邮件等，这类载体的共同特点是充分利用信息社会、新兴网络的便利条件，占领教育的新领地。

4."点对点"型的载体

"点对点"型的载体包括心理辅导、谈话谈心、家访等，此类型载体的主要特点是针对性强，获得的信息较为准确和完整，有助于解决学生管理工作中的重点问题和难点问题，有助于根据学生个体的差异采取差异化的教育方法。

（三）高校学生管理工作载体的时机选择

高校学生管理工作载体的选择应遵循有利于解决学生管理工作中的问题，有利于学生管理工作的长远发展，有利于完成人才培养的原则。

1.因高校学生管理工作的对象不同而异

高校学生管理工作的对象主要就是高校学生，而当代的高校学生具有不同类型的特点，分层、分类教育作用显得格外突出。差异化的个体要求我们提供个体的解决方案，这在一定程度上对工作载体的选择也提出了更高的要求。

（1）了解工作对象的特点

当代高校学生思想主流积极、健康、向上。他们热爱党，热爱祖国，热爱社会主义，坚决拥护党的路线、方针、政策，但也不同程度地存在信仰迷茫、理想模糊、价值取向扭曲、社会责任感缺乏、心理素质欠佳等问题。而具体到不同的学校，学生的状况也不尽相同，这就要求我们必须充分掌握工作对象的特点，研究面向不同工作对象的不同应用规律，选择合适的教育载体。

（2）把握工作对象的诉求

在实际工作中，我们必须掌握工作对象的需求，既要掌握群体性的需求，又要了解个体性的需求，进而选择相应的工作载体，在事态的不同阶段，工作对象的诉求也会有相应的调整和变化。我们一方面需要重视和尊重这种变化，并相应地调整载体运用和选择；另一方面对不尽合理的诉求，需要加以控制和引导。

2. 因高校学生管理工作的侧重不同而异

高校学生管理工作的总目标是人才的培养，但具体到不同的阶段，有不同的任务，在工作中的重点便有所不同，而对待学生的教育是常态的，因此，要求我们在不同的侧重工作范围下选择适当的工作载体，完成对学生的常态教育。

（1）明确高校学生管理工作的阶段性任务

高校学生管理工作进程中面临不同的阶段，或在某一工作的过程中，任务会有所调整，重点任务也不尽相同，载体选择必须具有针对性，且以服务于不同的工作任务为目的。在学生管理工作的特定阶段，载体所承担的意义和承载的功能会有相应的变化，适机选择工作载体和运作方式有助于各阶段任务的完成。

（2）保持高校学生管理工作的整体连贯性

高校学生管理工作是一个有机整体，具有系统性和连续性，这也要求相应开展工作的载体间要保持有机协调和连贯性。这种协调性一方面需要人为地加以合理选择和充分运用，另一方面也要服从于高校学生管理工作整体属性和特点，背离这种统一协调性的载体运作，只能使工作背道而驰。

3. 因高校学生管理工作的时效不同而异

无论从教育的内容和效果上看，还是从教育对象的发展情况上看，高校学生管理工作都具有典型的时效性。因此，选择适当的工作载体，有助于我们在有效的时间或有限的时间内完成高校学生管理工作。

（1）整合优化高校学生管理工作的效率

在高校学生管理工作过程中，要注意把握不同的时间节点在时效阶段内通过工作载体的变换与应用。在不同的时效作用下，应充分利用已有的、可行的工作载体，深入挖掘和充分整合学生管理工作中的各种可用资源，提高运行效率，实现工作效果的最大化。

（2）找准高校学生管理工作中的黄金切入点

要重视高校学生管理工作中有效时机的掌握，根据时间和形势的变化，作出充分的判断，寻找适当的时机介入有效的工作载体，进而全面推进学生管理工作。值得注意的是，学生管理工作中的黄金切入点是动态而非静态的，是随着时间的推移，工作形势的发展而不断变化的。

4. 因高校学生管理工作的环境不同而异

这里指的环境不是狭义上的实体建筑等学校环境，而是软性环境。例如，学校的规章制度、社会的宏观政策、学生思想动态的变化波动等。这些工作环境上的变化是个人无法控制和左右的，因此，如何选择工作载体，以适应环境及环境的变化，显得尤为重要。

（1）保持工作中的大局观

学生管理工作在本质上必须紧紧把握主流的社会价值，紧扣时代的主旋律，在工作背景上受政治、经济、文化和社会发展的影响很深，这就要求学生管理工作必须保持大局观，站得高，看得远，有利于统一筹划工作。在载体的运用中，要充实更多、更新的理论及实践成果。

（2）工作中以"不变"应"万变"

外在环境的变化因素固然难以控制，但高校学生管理工作仍需坚持"以我为主"的工作方式，这主要源于学生管理工作的根本任务和主要目标，即人才的培养没有发生变化。在此情况下，面对纷繁的外界变化，学生管理工作一方面要继续探索新的工作载体，另一方面也需要在工作的形式、方法和内容上与时俱进。

（四）高校学生管理工作载体的运用方式

高校学生管理工作载体的运用方式没有固定套路，没有统一模式，只要站在较高的思想高度，统一认识即可。所谓条条大路通罗马，有效运用高校学生管理工作的载体，可以行之有效、事半功倍地完成工作。

1."连贯持续"式的运用

一方面，教育无时不在，无处不在，这也为载体的持续使用提供了可能性；另一方面，载体的连贯持续使用也有助于工作更快、更好、更有效地完成。

（1）"连贯持续"式的运用条件

载体较为成熟，具有类似性，随时间推移，变化不大的情况下可反复使用者较为实用，如运用理论学习型的课堂教育、主题活动型的军训等。

（2）"连贯持续"式操作方式

在相当长一段时间形成一种固定模式或以制度化的方式固定下来，在学生管理工作中不断使用。如在年级中成立年级管理委员会，在班级管理中建立固定班会制度和不定期班委会制度，就是对群体学生进行管理和教育的一种有效模式。通过这种模式下的持续工作，年级管理委员会成为各个班级之间沟通的一座桥梁，也成为反映问题的一个总出口，可以有效解决各个班级间信息不畅的局面。同时，在这种情况下，班会也可以被更加有效地用来进行各类文件、时事热点等的学习。

2."组合拳"式的运用

"组合拳"是拳击运动中的一个术语，其本意是不同拳法的一个组合。在高校学生管理工作的载体运用中，通常要运用不同的载体组合来完成一件或一段时间内的工作。

（1）"组合拳"式的运用条件

单一载体效果不佳，多种载体具备操作条件，在相对固定的时间和阶段内要求学生管理工作绩效时较为实用，如运用理论学习型和主题活动型相结合等。

（2）"组合拳"式操作方式

充分利用各种载体的优点和长处，在某一特定情况或固定阶段下，依据工作完成的最大效率和效果的要求，而不断组合各类工作载体，组合的方式依据载体的选择不同而异。如在对学生进行诚实守信的专项教育中，可以有效组合理论学习型、主题活动型和"点对点"型的载体来进行工作。可以先通过班会来进行学习讨论，并在课上进行专题理论阐释，同时开展以"诚信"为主题的演讲或小品比赛，考前"诚信"签名活动等，让更多的诚信观点形象化地深入人心。在诚信教育中，对个别同学还应采取谈话的方式，让他们认识到"不诚信"的危害，督促他们诚实守信，避免因小失大。

3. "全覆盖"式的运用

"全覆盖"一方面是针对工作对象而言，另一方面是指尽量使用更多的载体，并不断寻找一切可能的载体来运用于学生管理工作之中，使之更加完善。

（1）"全覆盖"式的运用条件

学生管理工作内容较多，涉及面较广，以常规性工作、日常性的管理工作或按部就班型的工作为主时，较多地采用"全覆盖"式。如考虑到一段时间内的工作时，应综合考虑多项工作载体。

（2）"全覆盖"式操作方式

利用各种载体的不同特点和特性，针对性地完成整体工作的特定部分，从而在全局中有效推进整体工作的完成。如在学年的工作计划中，既要考虑学年工作中不同学期的阶段性，又要考虑各项工作的持续性，同时要保证各项常规工作的顺利完成，并择机推出特色亮点的工作，还要防范危机和突发事件。其中，不仅包括年级、班级这些整体面上的工作，还包括具体到每一位学生个体的工作，因此非常繁杂，必须有的放矢、未雨绸缪，在工作中充分利用各种载体，开展相应的管理工作，消除学生管理工作过程中的盲点，实现学生管理工作的全覆盖。

4. "重点突击"式的运用

管理者在学生管理工作中要善于运用自己所擅长的，事实证明行之有效的载体方式，作为重点工具，使其在关键时刻发挥作用，达到预期的效果。

（1）"重点突击"式的运用条件

学生管理工作的时间有限，工作的要求较高，任务较重，面对突发性事件或个体面临较为严重的问题等情况时，使用"重点突击"式较为频繁。

（2）"重点突击"式操作方式

高效、合理地选择载体，刚柔并济地运用载体，在有限的时间和规定的阶段内实现学生管理工作的目标。

各种载体的运用方式不是唯一的，也不是一成不变的，而是随着形势和要求的不同而不断变化的。学生管理工作任重而道远，在培养人才这个中心任务的指导下，管理者要整合利用各类有益的工作载体，并不断探索学生管理工作的新载体，针对实际工作中所面临的各类问题，不断开创高校学生管理工作载体新的运用方式，真正实现学生教育和素质能力教育的双提高。

第二节　高校学生管理模式的探索

一、高校学生管理模式的探索

从 1949 年到 1988 年，中国高等教育一直都是免费的。1989 年以后，国家开始对高等教育实行收费，虽然只是象征性地每年收取 200 元，却是高等教育收费改革迈出的第一步；至 1996 年，中国高等教育试行并轨招生，每年学费达到 2000 元；1997 年以后，高校学费一路攀升至 3000 元、6000 元，甚至上万元。高等教育收费改革踏踏实实地走完了三部曲（免费、低收费、全面收费）。与此相对应，1997 年起，实行了几十年的高校毕业生由国家按计划统一分配工作的制度取消了，数百万高校毕业生自谋职业，真正成了劳动力市场的一个组成部分。

20 世纪末至 21 世纪初，全国高校扩招的结果直接导致各高校内部自有学生宿舍、教室以及其他相关教学设施，甚至教学师资都不能满足学生的需要。于是，相应地出现了高校后勤服务社会化、教师聘用契约化等市场化的教学管理行为，学校与学生之间的关系更是不同于传统的关系。

学生上学交费、毕业自谋职业、民间资本兴办高等学校等，预示着中国高等教育已经走向市场化和产业化。高校学生从一个高等教育的无偿受益者转变为高等教育的消费者，其角色转变自然导致高校学生与高校之间社会关系内容的变化，必然导致高校管理模式、管理理念的变化，而这种变化是遵循市场规律、适用市场规则的。

当前，许多高校在本科教育中采用了按大类招生的培养模式，即在高考录取时不分专业，按大类进行招生，学生进校后经过一定时间的基础课程学习后，再根据自身条件和社会需求选择专业。这样可以使专业选择更贴近学生志愿，更能反映社会需求趋向。由于这种模式与目前高校实行的学分制改革紧密联系，在人才培养上具有一定的灵活性，符合当今高等教育教学改革的大趋势，因而被越来越多的高校采用。

以往我们设置的专业划分过细、口径过窄、针对性过强，培养的学生思维较古板，创新性不足，已经难以适应现代社会大环境的要求。按大类招生及培养，能有效地在学校内部利用多学科的优势，克服原有院、系的框架，打通相邻专业的基础课程，实现多专业的有机组合。同时可以有效地使专业向复合型转化，进一步促进和加强新专业的建设，在学科或学科群的范畴，对学生进行更全面的教育培养，以顺应科学技术发展综合化的趋势。但是，这种大类招生模式和高校普遍采用的学分制，给高校学生管理提出了新要求和新挑战。

当前，高校学生管理模式主要有以下几种：

（一）传统班级管理制

传统班级管理制是在学年制下最为基础的学生管理模式。由于学生在进入大学时便组成传统的班级，同学间通过互相帮助、相互了解，建立了深厚的友谊，班集体有着较强的集体凝聚力。在这种模式的班级中，学生有较强的集体归属感和集体荣誉感，而班主任（政治辅导员）是学生进入大学后接触的第一个导师，因经常与本班的学生进行交流，较易取得他们的信任，可以在学生心目中培养较高的威望，能较好地开展工作。虽然传统的班级管理制有以上优点，但在大类招生体制下也有自身的不足，例如分专业后，传统班级中的同学分属于不同的专业，主修的课程可能大相径庭，上课的时间与地点也都不一致，这就给班主任有效地管理学生带来了很大的困难。同时，由于同寝室各学生的专业也可能不同，当学习遇到困难时，较难就近找到同专业的学生进行交流帮助，而班主任由于自身知识结构上的缺陷，很难对班级中各个专业的学生进行专业课程的指导。

（二）专业班级管理制

所谓专业班级管理制，就是在学生分专业后，取消原有的班级设置，将同专业的学生编制成相应的班级进行管理的体系。由于班级中所有的学生都属于相同的专业，因此大多数学生上课的时间、地点较为一致，这样不但方便班主任对每个学生进行有效的管理，同时还摒除了传统班级管理制中学生间学习交流不够与老师不能有效地指导学生学习的弊病。但是，由于专业班级是在进大学后经过一段时间的学习后再建立的，专业班级管理制也有自身的缺陷，学生在原来的班级中都已经有了自己的社交圈，而这些社交圈通常具有很大的惯性，这样就造成学生很难融到新建立的班级。因此，新的专业班级往往缺少班级凝聚力，班级的概念十分淡化，很难开展集体活动。同时，由于班主任也是在建立专业班级时指定的，相对来说沟通起来比较困难，很难与班级学生交心，班级的日常管理活动也比较难开展。这样一来，专业班级往往很难成为一个真正的集体，在学生学习交流、互相帮助等方面效果不够理想。

（三）导师管理制

导师管理制，即每个学生都有一位自己专业方向的导师进行指导，学生每周要与导师见面若干次，导师在学生的专业领域对学生进行指导帮助，培养学生掌握适应学科的学习研究方法。通过这种面对面的指导，学生可以学会读书和做学问的基本方法，养成独立思考的习惯，并将某些有价值的想法向前推进一步。同时，导师也会关心学生的日常生活，为其提供必要的帮助。在导师管理制中，对导师有着较高的要求，不仅要求导师具有渊博的学识，同时也要求导师具有热爱学生、诲人不倦的育人态度，能够对学生因材施教。对导师的选拔是导师制的关键，因为导师素质的高低直接影响被指导学生的培养结果。同时在导师制中，导师指导学生的数量要严格控制，一般应控制在 4 ～ 6 人。由于导师的个人精力有限，指导过多的学生，势必造成导师制的效果大打折扣，而失去导师制应有的优势。当前，在普通高校全面实施导师管理制还有很大的困难，原因在于导师管理制中对导师有很高的要求，在一个专业中符合导师条件的教师不多，无法满足众多学生的需求。同时，这些优秀教师往往又要从事科研、教学管理等多方面的工作，很难抽出大量的时间来对学生进行指导。

（四）辅导员制与学长制

高校辅导员主要是对学生的思想进行辅导和引导，使学生树立正确的世界观和人生观。一般来说辅导员既管思想工作，也进行一定的专业指导。他与班主任、导师是有所区别的，可以说辅导员制是对学生思想工作的一种有效的补充。学长制则是一种在国际上普遍推行的一种学生自主管理模式。通过高年级的学生以平等、博爱的精神和自己在专业学科学习中的切身体会与新生进行交流，实现良性的互动。一方面可以有效地减少学生的逆反心理，通过高年级学生与低年级学生平等的交流，实现从学习、思想、生活等多方面的"柔性管理"；另一方面，高年级学生在对低年级学生进行管理的同时也开阔了视野，锻炼了工作能力，增强了团队意识和责任心，高年级学生也有很大的收获。学长制这一学生自主管理模式对于加强学生的社会活动能力，弥补辅导员制中所出现的种种不足，具有十分重要的现实意义。

（五）复合型管理模式

当今教育环境下，单单使用以往任何一种学生管理制度已经无法适应时代的要求。有学者认为，采用复合型管理模式可以较好地适应现今高校对学生管理的要求。这种复合型管理模式以传统班级管理制为基础，采用辅导员制与学长制为补充，同时在不同阶段适时地辅以导师制来强化对学生的管理。采用这种复合型管理模式，可以发挥各种制度在管理学生方面的优点，同时，尽可能有效地利用教学资源，实现教学资源效用的最大化。

复合型管理模式的三个主要阶段。

1. 第一阶段：专业基础课程教育阶段——传统班级管理制

这一阶段在学制上一般是大一学年和大二上学期。由于在高等教育以前的教学阶段实施的都是传统班级管理制度，这种制度比较容易被学生适应与接受。同时，由于从大一开始班主任就与学生朝夕相处，易于培养教师与学生之间、学生与学生之间牢固的感情，整个班级有较强的集体凝聚力，便于班主任在班级中有效地开展工作。由于这一阶段一般学习的是公共基础课和专业基础课，具有很大的共通性，因此，无论是班主任对班级学生的学习指导还是学生之间的交流，都变得十分充分和方便。

2. 第二阶段：专业核心课程教育阶段——量力而行辅以导师制和强化学长制

这一阶段在学制上一般是大二下学期到大三上学期。这一阶段主要学习专业核心课程，学生在学习专业核心课程中往往会遇到较大的困难，班主任可能只有能力指导和自己相同专业方向的学生，而对选择其他专业方向的学生的学习指导力不从心。针对这一阶段学生学习的特点，如果学校有充足的师资力量，可以考虑从大三开始就辅以导师制，有利于提高学生对专业课的学习，使学生能更好地达到学校制定的培养要求；如果学校没有充足的师资力量，那么就要依靠积极推进学长制来弥补，所以，在这一阶段选拔一批品学兼优的高年级学生作为学长，充分发挥学长制在专业课程学习中的优点就显得十分有必要。

3. 第三阶段：实践能力培养阶段——导师制

这一阶段在学制上一般是大三下学期和大四学年。这一阶段是高校教育中比较关键的阶段，是培养学生的实践能力、综合运用知识能力的关键时期。这时，需要教师花大量的精力对学生的实践环节进行指导，而这时班主任显然没有精力对每个学生进行详细的指导。所以，有必要在这一阶段为每一个学生配备专业导师，同时导师也将作为学生毕业设计的指导教师。但这里的导师制与传统的导师制有一定的区别，他们只负责对学生进行专业学科的指导，而日常的教学管理工作还是由班主任来完成的，这就减轻了导师在工作中的压力，保证导师有充分的精力给予学生必要的指导，充分利用导师对学生指导细致入微的特点，有效地强化实践教学的效果。

通过对以上几种管理模式的比较，不难发现，第五种模式是最为科学合理的，它博采了前四种模式的长处，又避免了它们的不足，既可以解决部分学校师生比与实施导师制之间的矛盾，又使得优秀教师在高质量完成教学工作的同时，有精力从事教学管理、科研、社会服务等多方面的工作。

二、高校学生管理模式创新的基本原则

（一）以学生为中心，一切为了学生的原则

学生作为高校管理体制中的重要主体，既是学生管理工作的对象，又是

高校学生管理工作的核心所在，因此，高校学生管理工作者要树立学生中心论的思想，整个学生管理工作都要围绕学生进行，要尊重每个学生，客观公正地评价学生，正确地看待差异，因材施教；既要一分为二地看，但更要看到学生身上的闪光点，给学生以自尊，给学生以自信，给学生以希望的曙光。学生管理工作者要与学生真诚互动，要成为与学生建立积极友谊的人。学生管理工作者的角色是辅导者及协助者，学生管理工作者在学习情境中安排适合学习的气氛，以引导学生愉快地接受。学生管理工作者个人的人格特质中，亲切与热心是较受学生喜爱的。学生即是朋友，尊重学生自身的价值，相信学生的行为是内发的，相信每个学生都有自我发展和自我实现的潜能，相信每个学生都有适当处理自身问题的能力，努力建立情感型的师生关系，这将极大地促进学生管理工作的有效开展。

　　高校学生管理工作需要依靠一整套规章制度来保证实施，规章制度一旦制定，就应该全面执行。学生管理工作坚持以人为本的观念，就必须在制度设计初始贯彻人本化理念。随着我国社会经济文化的发展和教育体制改革的深入，我国原有的高校学生管理规定根据现实需要也作出了相应的修改和完善，目前的相关规定大都突出地体现了以学生为本的思想。因此，高校学生规章制度设计也应顺乎学生身心发展规律。

　　手段和方法是制度的操作层面，好的制度还要靠良好的手段和方法执行，方能发挥好的作用。学生管理手段有教育手段、激励手段和行政处分手段。管理手段的选择应以人为本，教育手段和激励手段是我们主要的管理方式，而行政处分手段则是前两者的补充。

　　学生管理活动实际上是一个过程，人性化更多的是体现在管理过程中。在管理过程中，管理者与被管理者要有平等的交流沟通渠道，保证给学生一个充分说话的权利，这是人性化的重要体现。在重大管理决定之前，要建立学生参与制度，尤其是重大处分之前，一定要为学生提供申诉的机会，这是一项重要的民主权利。在管理中一定要坚持公开、公正和公平，凡与学生相关的规章制度，都要让其知晓；凡与学生利益相关的事项，都要实行公示制度。同时还要注意，在具体执行规定的过程中，也应处处体现以学生为本的理念，注意保护学生的自尊、隐私等。

在学生管理工作中，学生的主体地位应当得到充分的尊重。不应简单地把教育活动当作学生消极被动接受的过程，而应使学生积极主动地获取。在这一过程中，学生的主观能动性应得到最大限度的发挥。同时，还应尊重学生的个性。学生之间是存在个体差异的，应当赋予学生更多的学习自主权，如选择专业的自由，选择教师的自由，选择学习方式的自由，选择毕业年限的自由，等等，为学生选择最适合自己的教育方式，以便于学生充分发挥自身的特长。

高等教育的目的是培养德、智、体、美、劳等全面发展，具有创新精神和实践能力的社会主义事业建设者。因此，在高等教育过程中，要逐步改变以考试分数为唯一评价标准的做法，积极培养学生成为专业基础厚、实践能力强、人格健全、品德高尚的合格人才。

（二）全方位贯彻以学生为本的管理原则

首先，积极实施全过程育人、全员育人模式。随着市场经济体制的建立和完善，我国的高等教育呈现利益主体多元化、行为主体个别化的趋势，个人将获得更大限度的独立性和自主性，能够在更大的范围选择个人的发展方向和途径。再加上高等教育作为非义务教育，实行教育成本分摊，学习者必须交费上学，这就使学校在市场上处于卖方地位，而学生处于买方地位，学校是教育产品的"提供者"，而学生是"消费者"。市场经济体制的建立改变了高等学校中学生所处的地位，这就为确立学生的主体地位，给学生以学习的自主性与独立性，为确立以学生为中心的观念奠定了体制性基础。以学生为本，以学生为核心主体的教育理念，要求学生教育在一定意义上把学生当作进入学校的消费者，是买方，而学校则是为他们提供服务的卖方。这里所说的全员育人模式有两层含义：第一是指对学生的教育要动员全社会力量的积极参与，学校教育要与家庭教育、社会教育有机结合起来，使之形成一个有机整体，共同发挥作用；第二是指在学校内部要实现包括教师、学校管理者、后勤服务人员在内的全体教职员工积极参与的全员育人模式。要在校园内积极倡导并逐步形成"教书育人、管理育人、服务育人"，积极实践"全过程育人"。

其次，相信学生，实践学生的"自我管理"，依靠学生来推动高校学生管理工作。一方面，高等学校要认识到自己的存在离不开学生，没有学生也就没有学校，学生无论在数量上还是重要性上都是学校的主体；另一方面，"育人"是高等学校教育的宗旨，学生还需要教育和引导，外因必须通过内因才能发挥作用。学生管理工作者应努力引导学生从认识自身素质和个性特点出发，依据自己的长处和弱点，对照群体范围的尺度，进行整合和扬抑，力求在适应社会需求中弘扬自我，展示个性。从这一层面上说，学生又是教育和管理的客体。两者是辩证统一的关系。因此，高校学生管理工作"以学生为中心"，一是要让学生成为管理的主体，从管理的决策、组织实施到目标实现，都要依靠学生，让学生充分参与；二是要发挥管理的"育人"功能，本着管理就是服务的思想，开展的一切管理活动都是为了服务于学生的成才而进行。学生管理工作者应尊重学生的合理要求，关心学生的成长需要，认真听取学生的意见，努力改正管理工作中存在的问题。

学生是教育活动的主体，他们自主学习的权利应当得到充分尊重和维护，他们作为教育活动主体的主观能动性应当得到充分发挥，他们的个性应当得到充分张扬，他们的学习潜力、潜质应当得到充分挖掘。积极实践学生的"自我管理、自我教育、自我服务"，不断培养、提高学生独立思考问题、分析问题、解决问题的能力。学生的"自我管理"实质上是一种民主的、开放的、人性化的管理，它更加有利于实现学生成才的目标。

最后，围绕学生如何成才建立新的教育质量评估体系，以高校管理和服务是否满足学生的合理需要，学生能否在高校的服务中获得个性发展，学生能否获得充分发展的机会，作为这一体系优劣的标准。

接受高等教育是学生自主的选择，而每个学生选择的目的和要求有可能是不相同的、是多元化的，那么，传统的以学生平均状况为基准，把每个学生按学习成绩相对表现划分为一、二、三等的单一质量评价体系，就是缺乏针对性和不合时宜的。学生既然是高等教育的核心主体，一切有关高等教育的质量评价，就应该以学生的选择是否获得应有的尊重、学生的合理需求是否得到满足作为标准。

（三）尊重学生的自我实现原则

1. 满足学生不同层次的需求，促进学生全面健康发展

人本主义从根本上讲就是以人为本，而人本主义教育基于对人的"终极意义"的追求，对人的价值的关怀和自我理解的关心，它强调人的情感、审美和对无限与永恒的体验。注重学生的内心世界、主观世界的发展变化，深入挖掘主体的内在需要、情感、动机和主观愿望，从满足主体生存需要的角度来开发其学习的潜力。

学生的需求是多方位的，但传统教育尤其是我国的应试教育过分看重学生的学习成绩。这种学习几乎总是读、写、算的基本技能训练，而学生内心的感受、态度和表达能力、审美能力以及处理人际关系的能力几乎很少涉及。人发展的本质，是内在潜能在后天环境中的充分"实现自我"或"自我实现"，是人类与生俱来的动力，并且是在个体成长过程中通过不断与其所处的环境相互作用而逐渐形成的。一旦形成了"自我"，就意味着他将自己与所处的环境分离开来。由于在这一过程中始终伴随着外界的各种评价，包括积极的和消极的评价，因此，整个世界或社会就对这个人的成长产生了极大的影响。

学生是一个个独立自主的个体，学生的发展、成长应与他自己相比较，看自己是否比以前有进步。学生管理者在考虑学生个体差异的同时，应依据一定的标准，给学生一个客观公正的评价，使学生正确地认识自己的学习情况，有没有达到自己预定的目标，今后应怎样努力，并掌握正确的自我评价方法，提

高学习的自觉性，成为学习的主人。同时，教育目标既包括知识和认识能力的发展，也包括情感的发展，它是对整个人的教育。首先，学生管理者在对学生进行教育时要注意情理结合，制定合适的教育策略；其次，学生管理者对学生要耐心细致地做思想工作，动之以情，晓之以理，听其言，观其行，逐步培养学生健全的人格。

面对当代社会的迅速发展，教育的目标应该是促进学生的发展，包括知识和认识能力的发展，培养能够适应变化和学会学习的个性充分发展的人。随着高校学生学习环境的转变、学习媒介的进步、交流手段的变革等客观变化，应提倡以学生的自由和全面发展为教育终极目的，提倡宽松、自由的学习环境，一改传统教育只能端坐课堂，让学生备感枯燥和乏味的状况，以激发学生的学习兴趣，提高学习效率；教会学生"如何学习"，使学生懂得利用先进的媒介获取知识，有利于学生的主动发现、主动探索，有利于学生发展联想思维和建立新旧知识之间的联系。

2. 鼓励学生参与访理工作，培养学生的自治意识和责任意识

学生作为高校管理工作的重要主体和积极参与者，其参与管理的状况如何，是衡量高校管理水平的标志。尽管我国许多高校都为学生提供了诸如勤工俭学等参与学校管理的机会，但其深度和广度都还不够。

不少管理者认为学生参与管理从理论上来说是件好事，但在实际中不一定行得通，他们主要是担心学生的素质。为此，学校的领导和各主管部门一定要克服对学生不信任、不放心的思想，要从培养人才的高度支持学生参与学生管理。观念的改变还包括学生本身在内。长期以来，许多学生一直存在依赖思想，在家依赖父母，在校依赖教师和管理员，缺乏自理的观念和自我管理、自我服务的思想。如果这种观念和思想不改变，他们对参与学生管理就没有积极性。

当今社会竞争激烈，如果不注重学生自治能力和责任意识的培养，那么他们走上社会时就会缺乏竞争力，同时也不能很快地适应现实社会。因此，高校学生管理工作应加大学生的参与力度。

（四）刚柔相济的管理原则

1. 刚性管理和柔性管理的特点分析

刚性管理是严格按照规章制度，并利用组织结构、责权分配来实现由支配到服从的管理。为了实施刚性管理，必须建立一套系统、科学的管理制度。这些规章制度在单位内部具有约束性和强制性，内部人员必须人人遵守，无论谁违反，无论什么原因违反，都无一例外地需要承担相应的责任，受到相应的处罚。刚性管理重"管"、重"权"，从而达到管理的统一性。因此，刚性管理的优点在于保证工作秩序井然，个人行为规范统一，并且有利于对敏感问题与突发事件的处理。但是，刚性管理也存在一定的弊端，它忽视了人的因素，一个单位管理的核心是人，每个人都有思想、有能力、有各种精神需求，不考虑这些特点，一味地利用权力和规章制度来约束和控制他们，将使人际关系紧张，不能很好地发挥他们的主动性和积极性，从而影响单位的发展。

而柔性管理则强调"以人为中心"，依据单位的共同价值观和文化、精神氛围进行人格化管理。它是采用非强制性方式，产生一种潜在的说服力，从而把组织意志变为个人的自觉行动的管理模式。其最大的特点在于：不是依靠外力，而是依靠人性解放、权力平等、民主管理，从内心深处来激发每个人的内在潜力、主动性和创造精神，使他们能真正做到心情舒畅、不遗余力地为单位不断开拓创新，从而取得竞争优势的力量源泉。其特征主要包括：内在重于外在，心理重于物理，身教重于言教，肯定重于否定，激励重于控制，务实重于务虚。但是，柔性管理也具有一定的局限性，因为柔性管理弹性大，变动性和灵活性很大，处理得不好有可能造成混乱。另外，由于主客观条件的限制，很可能难以满足单位人员无限上升的需要，这会影响柔性管理的实施。

可见，刚性管理与柔性管理各有千秋，这就要求管理者在管理中要把二者有机地结合起来，以实现其功能互补，发挥最大的管理功效。

管理是要营造一种氛围，只有符合被教育者自身特点的管理模式，才能最大限度地发挥被教育者的主动性和积极性，才能切实理顺管理工作中存在的各种问题。从目前高校学生的思想特征考虑，传统的"以教师为中心"，采用"警察式""法官式"的刚性管理方式，会使学生"自我管理、自我服务"的自立性、创新性受到严重压制，易出现抵触或逆反心理，甚至消极心理而自暴自弃。但是如果只片面地强调采取非强制性的柔性管理，管理者对学生的违法违纪行为缺乏有效的制约手段，把握不好，易导致管理秩序失去控制，具有极大的风险性。同时，柔性管理的实施客观上需要管理者投入大量的精力去了解和关心学生，满足学生的心理需要，营造和谐的心理氛围，从而最大限度地影响学生的思想、感情乃至行为，这在现实中较难做到。另外，柔性管理追求的依靠师生间高层次的"情"、自觉的"意"等非理性内在力量和"校园文化场"的无形制约，以激励为动力来实现"无为而治"的境界，需要学校管理者和全体师生较持久努力地建设和积淀才能形成，管理周期长，短期内不易取得实效。

2. 营造刚柔相济的高校学生管理工作氛围

建立合理、适度的规章制度，是实施"刚柔相济"管理模式的前提。通过各项规章制度的制定和实施，使用控制、监督、惩罚等强制性手段迫使学生以某种行为规范去完成学业是必要的，这是保证学生管理有章可循的基本条件，是维护校园秩序、保证教学质量等工作顺利进行的必要保障。但规章制度的管理并不是万能的，控制和惩罚并不能使学生自觉和自愿地朝着学校的目标前进，所以，在规章制度的制定和实施上应该是柔性的。在规章制度的制定上，既要体现出对人的要求，又要尊重人和信任人，将管理制度提升到人性化的高度，用富有人文关怀的制度来管理人，使人在被管理中体会温暖和帮助，也就可以排除学生的逆反心理。同时可以通过学生干部"听证会"来完善制度，尽力做到"以人为本"。在处理手段上，应以"教育为主"为指导思想，当学生违反规章制度时，应突出"治病救人"，通过"晓之以理、动之以情"，让学生深刻地认识错误，避免照搬制度生硬处罚，要重在使学生提高认识，触及灵魂，做到严而有格，严而有情，使之深切地认识到管理者尊重信任、治病救人的良苦用心，从而真诚悔改。

在刚和柔的权衡方面，要侧重于"柔"。要积极研究学生的心理特征，在关心学生、了解学生的基础上，做到理解学生和尊重学生，给予学生更多的个性发展空间。推行以充分授权为基础的自主管理模式，实施自主管理要求：管理者应给予学生充分的信任，相信他们有能力约束自己的行为，管理自身事务；管理者应通过充分授权，帮助学生开展多形式、全方位的自主管理；管理工作者还要不断培养学生自主管理的能力和制定监控机制。此外，引导学生开展自我激励、自我服务、自我控制、自我检查、自我评价等工作。通过学生的自主管理，充分调动他们的积极性和创造性，挖掘他们的潜能和自身价值，提高他们调节与控制自己思想和行为的自觉性，提高他们的综合素质。柔性管理的氛围主要以营造校园文化氛围为主。校园文化是一所学校独特的风格或整体精神，是学校成员之间相互理解的产物，是联系和协调学校所有成员行为的纽带。优良的班级文化是校园文化的重要组成部分和基础。班级文化、校园文化建设重在班风、校风建设，主要是营造一种团结、和谐、奉献、进取的文化氛围。集体舆论与人际关系构成学生管理工作柔性管理的客观氛围。集体舆论是学生意志的反映，管理者要善于通过各种途径，使学生充分表达对班级事务管理的意见，这不但有利于推行各种管理措施，而且有利于发挥学生的主动性和创造力。人际关系包括师生关系和同学关系。人际关系是营造集体心理环境的重要因素，它直接影响个体的心理环境，决定个体参与的主动性、积极性和创造性。另外，还可以创设人文性的校园景观，占领校园文化宣传阵地，搭建校园文化平台，依托校园文化艺术节，为学生提供张扬个性的舞台，全面提升校园文化品位。

三、以依法治校来实现高校学生管理模式的法治化

（一）高校学生管理模式法治化的必要性和紧迫性

1. 高校学生管理模式法治化的必要性

首先，高校学生管理法治化是依法治国的重要组成部分。依法治国，建设社会主义法治国家，已成为加强社会主义民主和法治建设中的最强音。全面的依法治国应当将社会中各种关系纳入"法治"的范围，由"人治单元"组成的"法治社会"是不可想象的。同时，法治社会也必然对其构成因子产生此种客观要求，这两者存在互动关系。

在这样一个大背景下，学生与高校的关系发生了变化，过去我国高等学校运行的经费来自国家拨款，高校管理者的管理权是行政权力的一部分。虽然从宏观上讲，国家行政权来自人民的公意，但特定到学生与学校的这一具体关系，则是一种纵向的服从与被服从的关系。但自 1997 年以后，普通高校全部实行并轨招生，学生自费就学，自主择业，学校收取费用，提供服务，学生与学校之间的关系转变为契约关系。管理者的管理活动不再是依据其作为管理者的身份，而是依据契约——与学生达成的契约以及学生之间达成的契约，这二者之间时有交叉。由此，高校学生管理工作中学校更多的是以民事主体身份出现的。当然，也不排除其出于社会公益目的而为公法授权之行为。比如，依据《教育法》对学生学籍进行管理，依据《学位管理条例》授予学生学位以及依据原国家教委《普通高等学校学生管理规定》行使相应的行政管理权，但其管理活动需纳入"法治"的轨道，这是毋庸置疑的。

可见，高校学生管理模式法治化是高校社会主义办学方向的自我要求。高校作为社区、社会生活的重要组成，作为科技、文化的辐射源，对于整个社会的法治化建设都具有重要影响。党把依法治国、建设社会主义法治国家确立为我国党和国家重要的治国方针，这是政治体制改革的基本要求和主要任务。社会主义法治化国家的建立，不仅需要有完备的法律体系，更需要全体公民具有

良好的法律意识和法律素质。高校培养的人才是未来我国经济和社会发展的重要力量，其法律意识、法治观念如何，直接关系着他们在今后的社会生活中的行为方式是否符合法律规范的要求，关系着国家事业的成败。同时，高校学生作为具有较高文化素质的人才，其言谈举止对社会具有较强的影响和示范作用，对他们进行法律意识、法治观念的教育，运用法律手段来规范他们的学习、生活，促进他们素质的全面提高，使他们形成遵纪守法的习惯，有利于推进全社会的法治化进程。

其次，高校学生管理模式法治化是培养创新人才的必然要求。高校的管理环境是创新人才成长的土壤，强调公平、效率与秩序的法治环境，能为人的创造性的发挥提供保障。有人担心高校学生管理模式法治化会人为设置一些条条框框，不利于创造性的发挥，这是对法治的误解。为鼓励创新提供的最有效的保障，就是在高校中建立公平竞争的环境，这样才能保障学生创新的积极性不受挫伤。学生通过自身努力得不到回报，或者发现那些没有通过努力而采取其他不正当方法的人，也取得了和自己一样的成绩，这都是对学生积极性的极大伤害。高校是学生踏入社会的第一步，在高校获得的社会经验，对他们以后的人生会产生莫大的影响。高校管理如不能从制度上保障学生的权利，让所有人在公平的环境下竞争，将会从根本上扼杀学生的创造力。因此，可以说实现高校培养创新人才的目标，必须依靠高校学生管理模式法治化。

再次，高校学生管理模式法治化是高校管理体制改革的内在要求。在市场经济体制下，高等学校已从计划体制下的纯公益性事业单位转变为既坚持公益性又有产业性的教育实体。学校作为独立的事业型法人，享有办学自主权。学生享有自主决定报考学校及专业类别、缴费上学、接受高质量的服务和受教育的权利。学生报到注册，取得学籍，即表明作出接受学校的教育、管理和服务，遵守学校的规章制度，缴费上学的承诺。学校接收学生入学，表明学校按要约提供优质的教育教学服务，使学生圆满完成学业。双方按照约定享有权利和履行义务。如学生违反约定，不履行遵守校纪校规的义务，则学校按法律、法规规定及约定行使权力给学生以处分，学生承担违约责任。反之，学校不履行义务，构成违约，则学生行使权利，如请求权、申诉权，甚至使用诉讼权维护自己的正当权益，学校也应承担违约责任。随着高校内部管理体制改革的不断深入，高校后勤社会化的进程日趋加快，学校不再依据其作为管理者的身份，而是依据契约——与学生达成的契约，对学生进行管理。社会化的后勤系统实行开放式的管理，要使学生既能适应后勤服务社会化的管理，又要实现高校教育培养目标。实现学校管理与社会管理的接轨，就必须实现高校学生管理模式法治化。

最后，高校学生管理模式法治化是改善和加强高校学生管理工作的现实要求。虽然我国高校开设了大学生思想道德修养和法律基础公共课，但是不少学生对这门课并不重视，有些学生即便学了，也是为了应付考试。最终学用分离，重学轻用，法律意识淡薄，不考虑自己的行为责任，更谈不上用法律来严格规范自己的行为。他们总感到自己还是学生，还不需要用正式社会成员的标准来要求自己，法律应对他们网开一面。因此在校园生活中，一些学生随心所欲，破坏公物，甚至胁迫他人违纪、违法。这些完全可以从相关法律、法规条文中找到处理的依据，然而，实际处理总是按校规来进行。而学生们认为校内的制度是有弹性的，即使处理了，他们也只认为是违纪，而不认为是违法。这就混淆了法律和纪律的概念，影响了法律的尊严，甚至有的司法机关出于对学生前途的考虑，在处理学生违法行为时就低不就高，就轻不就重，将违法作为违纪处理，这在某种程度上助长、放任了学生的违纪、违法行为。

实现高校学生管理模式法治化，用法律法规来调整和规范学生的行为，有利于提高学生管理工作的效率与质量。

同时，高校学生管理模式法治化也是加强高校思想政治工作的客观要求。随着改革开放的不断深入和发展，人们的经济、政治生活都发生了变化，学生主体意识和权利意识明显增强。受市场经济负效应的影响，社会上一些功利主义、享乐主义、实用主义、拜金主义等思想，在高校学生中也有所反映。

部分学生的行为越来越功利化、社会化，在这样的情况下，单单依靠说教式、学生自律式的思想教育和管理的作用，显然是远远不够的，只有逐步实现高校学生管理模式法治化，以此作为政治教育的补充，才可能形成良好的育人机制。

2. 高校学生管理模式法治化的紧迫性

一方面，从我国高等教育大的层面来看，法律规定的缺位、滞后与粗糙，是高校学生管理模式法治化进程中亟待解决的问题。

我国高等教育方面法律规定的缺位，最突出地表现在缺乏必要的纠纷解决机制方面，尤其是缺乏受处分学生对处分不服如何救济的法律程序。例如，在对学校处分学生方面，虽然早在1990年发布的《普通高等学校学生管理规定》第六十四条，就有"对犯错误的学生，要热情帮助，严格要求。处理时要持慎重态度，坚持调查研究，实事求是，善于将思想认识问题同政治立场问题相区别，处分要适当。处理结论要同本人见面，允许本人申辩、申诉和保留不同意见。对本人的申诉，学校有责任进行复查"的规定，但是，直到目前并没有任何法律、法规、规章对受处分的学生如何行使申诉权，包括申诉的机构、申诉的时效以及有关机构答复的期限，对申诉答复不服的，被处分的学生应当如何救济等种种问题作出规定。

近年来，我国高等教育取得了突飞猛进的发展，高等教育领域正在进行着一场深刻的革命，目前我国的高等教育已经基本上完成了从"精英教育"向"大众教育"的转变；加之近些年社会经济、文化的迅速发展及人们观念的改变，我国高等教育正面临着前所未有的新形势，当初计划经济占主导地位时期，由"政府推进型"立法所产生的法规本身就笼统、粗糙，这些法规在新形势面前已经显得"力不从心"。

另一方面，具体到各个高校，学生与校方纠纷的增多，也使得高校学生管理模式法治化成为现实而紧迫的问题。

目前，有的高校在一些处罚性条款，尤其是对学生处以勒令退学或开除处分的条款上，往往弹性非常大，有的超越了我国现行法律的规定，有的甚至本身就不合法。例如，为了严肃考风考纪，有些学校规定，考试作弊一经发现即对作弊的考生处以勒令退学或开除学籍的处分。被勒令退学或开除的学生，其命运与前途往往就此毁于一旦，如此规定本身就违反了高等学校教书育人的宗旨，而且也是不合法的。按照《普通高等学校学生管理规定》第十二条的规定，对于考试作弊的，应予以纪律处分；第二十九条规定的应予退学的十种情形之中，并没有不遵守考场纪律或作弊应予退学的规定；第六十三条虽然规定了违反学校纪律，情节严重者，可给予勒令退学或开除学籍处分，但前提是高等学校"学校纪律"规定本身应符合我国有关法律的规定，而不能在法律规定之外任意扩大、自我授权。各高校有关纠纷处理的规定必须合理化、合法化。

（二）法治的主要内涵和目标

把握法治的内涵首先要澄清两种模糊认识。其一，"法治"不同于"法制"。从本身的含义来说，"法治"是指严格遵法、守法，依法办事的原则，而法制是指一定范围内的法律制度或法律上层建筑系统；法治是运用法律及其制度为基本手段和方法来治理的，是法制的功能要求和动态过程，是包括法制在内的更大的系统。其二，"法治"是指"依法"管理，即将"法"作为学生管理的最高权威，没有任何个人或利益集团可以凌驾于法之上。而不是"以法管理"，不能将此仅仅作为学生管理的一种工具和手段，否则就会陷入法律工具主义的误区。

从某种意义上讲，法治实际上是对社会的权利、义务、权力、责任等进行合理分配的一种制度设计和安排。权力是法治的一个重要因素。权力具有极大的权威性，这必然出现以下结果。一是权力的权威性会给人民和社会带来利益，它是法治所要建构的社会秩序产生的前提，也是法律真正得以实现的基础；二是权力的权威性使之存在对社会和他人潜在危害的可能，因此，它也是法治所要制约的主要客体。权力的制度化、法律化，是使权力在运行过程中依照已由法律规定好的行为模式合法运行。权力的制度化应包括几个方面的内容：一是保证权力具有极大的权威性，以实现权力的正当目的，这主要是指权力用以维持社会秩序与安全、保障自由和权利及实现社会发展目标。但制度化的权力只与特定的职位相联系而非人格化，而职位是对所有公民平等开放的，这有利于防止因权力的过分人格化而出现的利用权力谋取个人私利的腐败现象。二是应确立保证权力分立的制度。权力过分集中在某个人或某个机关手中，一方面由于缺乏权力内部的分工，降低了权力的效率；另一方面，由于权力的过分集中，使权力间失去互相制约的可能，而产生更大的任意性。三是以权利作为权力的运行界限。早在 18 世纪孟德斯鸠就认为，一切有权力的人都容易滥用权力，这是万古不易的一条经验。掌握权力的人使用权力，只有在遇到权力界限时，才有休止的可能。在法治下，应形成以制度化的权利制约权力的机制。基于这样的设计，权力的制度化包括以宪法、行政法、诉讼法等法制，确定权力的产生、构成、限制、运行、保障、责任和监督制度。权力的制度化，使法律成为使权力合法化的唯一手段，通过法律可以准确地确定官方权力的范围和界限，从而有利于实现通过法律对权力的控制，以确保权力的行使符合正当的目的，防止出现权力的误用和滥用。

权利是法治的另一要素。以法律的形式对权利和自由进行合理分配，是法治的目的。权利的制度化是指将社会中的权利要求转化为法定权利。现代社会起源于商品市场经济的发展，在这种经济条件下，社会关系主要体现为物质利益关系和平等交换关系，这就必然产生人们对利益和平等的权利要求。但是，仅有权利要求是不足以保证权利的实现的，加之现代社会各种利益的冲突，人们的权利要求也各不相同，只有将这些权利要求通过立法者的选择和平衡，在具体的法律法规中将其制度化，才能确保权利真正受到保护和得以实现。权利的制度化具体表现在：一是有关权利主体的制度。主要指权利主体地位的规定，权利主体不仅包括公民、法人，还应包括政党和其他社会组织；具体权利义务的规定，如公民政治权力的规定，主要有选举权和被选举权，言论、出版、集会、结社、游行示威权，知情权和参与决策权；经济方面的权利，如所有权、劳动权、平等权、继承权、投资权等。但权利永远不可能是任意和无限的，权利行使的绝对化，可能会给社会造成灾难。因此，法律在将权利制度化的同时，也通过义务的设定，使权利主体在享有权利的同时也承担义务。二是有关权利实现的制度。将法定权利转化为实有权利，这才是法治所应追求的目标，在将权利要求转化为法定权利时，必须考虑权利的经济、政治和法律保障制度化。三是权利救济制度。当合法权利受到非法侵害时，法律应提供有效、及时的法律救济方法，这主要表现在各种诉讼制度上。以保障公民基本权利的宪法和其他单行法规，以产权制度、法人制度和契约制度为核心的现代民商法，都致力于实现权利的制度化。

完善可行的权力和权利制度，是判定一个社会是否真正实现法治的最基本的制度准则。以此为出发点形成一系列的法律制度、规则、原则和概念，它们共同构成法治的制度标准。

实现学生管理的法治化，单纯仰仗完备的法制是不够的，还要建立一个学生管理法治系统。这个系统应包括：法治的主体系统，也就是民主系统，即校园内以民主形式组建的、对学生管理工作具有决定性影响的组织；法治的思想观念系统，它是学生管理工作的主导系统；法治的教育系统，包括对管理人员的法治观念的培训以及对学生的法律教育系统；法制系统，包括调整学生管理活动的由国家制定的法律、法规以及学校自行制定的规章制度系统；法治的辅助系统，包括学校的学生处、保卫处以及校园文化心理、伦理道德等系统；法治的信息反馈系统和监督系统，前者包括国家和学校相关部门的内部反馈系统以及校刊、广播站等外部反馈系统，后者包括国家、政府的监督，校长、党委的领导监督，学生代表大会的监督以及民间社团、校内传媒等社会监督，还有来自学生的直接监督，二者时常是你中有我、我中有你。

（三）如何实现高校学生管理模式的法治化

1. 加快高校学生管理工作法治化进程是实现学生管理模式法治化的前提和基础

推进管理法治化是纠正高校学生管理制度建设弊端、堵塞制度漏洞的有效手段。我国《高等教育法》第十一条规定："高等学校应当面向社会，依法自主办学，实行民主管理。"它明确了学校自主管理权的行使必须遵循法治原则。学校教育是对"人"的教育，对人的教育必须建立在尊重人的基础之上，而对人的尊重首先是对人的权利的尊重。长期以来，教育道德化是我们一贯的教育理念。在教育过程中，权利的设置和运用常常只受道德标准的衡量与限制，而缺乏法律的规范。但在依法治国的环境下，学校与学生之间的关系已经不再是一种简单的管理者与被管理者之间的关系，而是一种对应的权利与义务的关系。因此，我们应当将教育关系作为一种法律关系来看待，应当将尊重受教育者的合法权益作为教育者的首要义务，在行使教育管理权时，首先考虑的不应当是如何"处置"受教育者，而应当是这样处置是否合法、是否会侵犯受教育者的权利，真正将受教育者作为一个平等的法律主体来对待。这才是我们需要的一种符合时代发展要求的、体现现代法治意识的教育理论。

高校学生管理工作的法治化需要提高管理者的法律意识。高校管理者具有良好的法律意识是严格依法办事的重要前提，它可以促使管理者在依法行使自己管理职权的过程中，尊重和保护学生的法定权利，避免侵犯学生的权利。高校应该通过进行法学理论方面的专门化培训、敦促管理者自学等方式，培养管理者的法律意识，尤其是民主思想、平等观念、公正精神、法治理念等，从而使管理者自觉用法律法规来规范自己的言行，在管理工作中公正地对待学生，尊重学生的权利。同时，外聘一些专职司法工作者，组成学生法律援助组织和仲裁机构，并与司法部门建立联系，协同接受各类申诉，立案处理一些案件，形成法治化的育人环境。

随着高等教育事业的飞速发展，以前制定的法规不可能完全符合现在的形势。加之新的法律法规不断出台，法律法规"打架"的事在高等教育领域也屡见不鲜。因此，教育领域的法律法规应适时进行相应修改，以适应社会的发展。

目前，我国教育配套立法比较滞后。以实施《高等教育法》的配套立法为例，《高等教育法》在一些条款中留有授权性的规定，如"按照国家有关规定""依法"等，但是在实施中这些"国家有关规定"，行为所依之"法"的制定并没有及时跟上，导致实践中行为主体因没有统一、明确、具体的实体性和程序性规范而各行其是。此外，现有规范漏洞较多。现有规范的用语不够严谨，对已有的法律、法规、规章及规范性文件的清理和修订不及时，明显的法律漏洞和缺陷得不到及时的清理和修补。以《学位条例》为例，自制定以来，我国高等教育特别是研究生教育发生了深刻而巨大的变化，而《学位条例》却未能根据客观形势的变化而作出相应的、必要的修改、补充和完善，因而，管理中出现的一些问题不能得到及时规范或纠正。例如，很多学校制定的内部规定中有诸如"研究生在读期间必须在核心刊物上发表两篇以上论文的才允许答辩"等，有些条款的漏洞、用语的模糊与不确定在实践中日益显现。加上由于行政管理的需要，不具有立法权限的机关，尤其是地方教育行政主管部门制定有大量的规范性文件。虽然这些规范性文件在教育行政管理中必不可少，但是与法律、法规和规章相抵触的现象也较为普遍。

综上所述，笔者认为要想改变现状，最好的方式是由最高权力机关——全国人民代表大会或其常委会以法律的形式加以设定，制定统一的法律法规。与此同时，还应加强高等教育法律理论的研究，加快高等教育立法，并及时清理不适应时代要求的高等教育管理类法律、法规，以改变我国高等教育法律、法规严重落后于时代发展要求的现状。当前，有关部门已经注意到教育管理类法律、法规、规章滞后于时代要求的问题并正在着手解决，这对于我国高校学生管理模式法治化进程具有积极的推动作用。

2. 建立正当的管理程序是实现高校学生管理模式法治化的关键所在

在具体的学校管理行为中，实现法治化的重中之重在于程序，实现了程序的法治也就实现了管理行为的法治化。这就要求，学校在处分犯错误的学生时要及时，将处分意见送达本人，确保学生的知情权不受侵犯；建立听证制度，充分保证学生的知情权；建立申诉机制，使学生有一个为自己辩护的机会；建立司法救济机制，保障学生的合法权益。

正当程序原则可以追溯到英国普通法传统中的"自然正义"原则。正当程序的基本要求是：任何人不能作为自己案件的裁判者，纠纷由独立第三人裁决；作出影响相关人权利义务的决定，特别是对当事人不利的决定时，必须听取利害关系人的意见，给予其陈述、申辩、对质的机会；纠纷的裁断过程中不可偏听偏信，不得单方接触；一切都必须予以公开，保证公正和透明度。

从保障学生权利和维护学生尊严的角度来看，正当程序有利于保障学生的权利，特别是涉及学生的基本权利时，更是如此。高校学生管理过程中的正当程序是对学生权利保障的基本要求，没有正当程序，受教育者在学校中的"机会均等"就难以实现，其"请求权""选择权""知情权"就难以得到保障和维护。另外，如果仅仅从工具性价值来理解正当程序的话，那就贬低了正当程序的价值。程序不能只是达成实体正义的手段，程序具有自身独立的价值。正当程序的内在价值有两个方面：一是对人作为人应当具有的尊严的承认和尊重，即尊重个人尊严；二是正当程序包含了"最低限度公正"的基本理念，即某些程序的因素在一个法律过程中是基本的、不可缺少的，否则，人们会因此感到程序是不公正的、不可接受的。在很长的一段时期内，高校和学生的关系具有强烈的特别权力关系的色彩，学生只是消极的被管理者，高校与学生之间的地位是不平等的。在这种情况下，正当程序是没有必要存在的。随着我国实施依法治国方略，全面推进依法治教，高校学生管理必须法治化。民主法治的发展和人权保障的要求，将特别权力关系纳入司法审查的范围，既符合正当程序原则，也成为限制特别权力的基本原则之一。因此，在高校学生管理过程中引入正当程序，是对学生人格尊严的尊重。

从现有法律、法规和立法趋势来看，高校学生管理过程中适用正当程序也是必然的。《普通高等学校学生管理规定》第六十四条规定："处理结论要同本人见面，允许本人申辩、申诉和保留不同意见。对本人的申诉，学校有责任进行复查。"这实际上已经具备了正当程序的一些因素。《教育法》还规定，学生对学校给予的处分不服，有向有关部门提出申诉的权利。

在我国，高校学生管理中正当程序的适用范围应大于司法审查的范围，即属于司法审查之外的高校管理行为，也应该适用正当程序。有学者认为，学校对学生所做的管理行为中，可以起诉的事项主要有如下几类：违反法律的规定，侵害或限制学生宪法上基本权利的行为；足以改变学生身份的处分或决定（如录取、勒令退学、开除等）；对学生权益影响重大的其他处分（如不予核发毕业证、学位证的行为严重影响学生的权益，与学生的就业、发展息息相关）。为了实现维持学校正常的教学目的的功能，学生对学校的日常作息管理行为，一般纪律处分行为，涉及学生的品行考核、成绩评定、论文评定等高度人性化判断的行为，一般不得提起诉讼。当然，勒令退学、开除学籍、不颁发毕业证、不授予学位等行为较一般的纪律处分要严重得多，对学生的影响也大得多，但是决不能以影响结果小为由而随意为之，因此，一般的纪律处分也应该适用正当程序。

3.建立科学的学生管理评价体系和多元化的学生权益救济机制，是实现高校学生管理法治化的重要保障

高校对学生的规范约束，主要依据是法律标准。特别是在学生处分问题上，道德品质评价不能作为处分学生的依据。在对学生进行处分时，要就事论事、事实清楚、程序正当、依据明确、定性准确。在此问题上，我们要改变既往惯常对问题学生进行处分的教育管理模式，发挥思想教育工作的优势，在处分前要注重对学生思想和行为规范不良倾向的引导和疏导，在处分中要加强对学生

的思想教育,调动学生主体的自我教育功能,引导学生强化个人和社会责任感,处分后要做好后续的管理和服务,给予学生更多的人性化关怀。通过把思想教育"软件"与刚性管理"硬件"密切结合,营造良好的育人环境。另外,一直以来衡量高校学生管理工作好坏的重要标准是管理效率的高低,对公平、正义的维护则显得不够。确立科学的学生管理评价体系就是不仅要实现"管住人",还要"管好人",以德服人,以理服人,维护学生的正当合法权益。

学校对学生的严重处分,不是对学生宪法上受教育权的剥夺,而仅仅是对该学生在一个特定教育机构接受教育过程的终止,不涉及学生宪法权利的保障,因此,在构建不服处分的救济制度上,不需要考虑宪法上的救济,即宪法诉讼或其他违宪审查方式的问题,但是要考虑高校对学生的管理,在很大程度上具有行政管理的色彩,法律、法规、规章对高校行政处分权的行使规定了严格的条件。行政处分的法定性特征,具有对行政处分实施普通法律上救济的条件。就高等学校行政处分纠纷案件而言,行政诉讼和包括教育行政复议、学生申诉制度、教育仲裁制度、调解制度等在内的非诉讼机制,都是学生可以利用的权益救济方式。建立多元化的学生权益救济机制,既是以法治校的重要体现,又是避免学校陷入司法审查陷阱的必要手段。

第六章　信息时代背景下高校学生管理的发展

第一节　信息时代对高校学生管理模式的影响

一、社会生产方式变化对学生管理产生的影响

信息技术的发展使得社会生产方式发生巨大变化，引发了社会人才需求、社会劳动组织与社会治理方式的一系列变革。外部环境的改变要求高校必须顺应整体趋势，对原有的科层化学生管理方式进行革新。

（一）社会人才需求改变要求学生管理创新

随着信息技术的迅猛发展和广泛应用，人类社会已进入以数字化、网络化、智能化为表征的信息时代，社会生产方式自然而然地被重新定义。此时社会生产方式逐渐转向科技依赖，人们大力利用具备信息获取、传递、处理、再生与利用功能的智能化生产工具，紧密依托无限且无形的知识资源与数据资源来创

造财富。如此一来,传统的知识与技能已难以适应岗位需求的变化,劳动力市场对从业者的综合素养提出了更高要求。

一是,由于知识与数据的经济价值日益凸显,经济发展与社会进步越来越依赖于科技创新水平。国家若在新的技术革命带来的经济挑战面前站稳脚跟,不断发掘新的经济增长动力,就需要一批拥有独立性、主动性和创造性,且具有创新思维、创新精神与创新能力的人才。二是,信息技术发展与经济结构转型使得市场面临的问题愈发复杂,往往呈现学科交叉、知识融合与技术集成等特征,仅靠单一的学科知识及孤立的思维方式已难以解决。因此,各业行业在招聘时弱化了对专业对口度的要求,更为倾向既具备行业专业能力,又拥有跨学科知识结构的复合型人才。三是,随着全球信息化建设的深入推进,其蕴含的思维特征不仅对政治经济的思维框架产生了影响,也为各行各业的战略规划与实践操作带来巨大冲击。这一变化要求从业者由工业化思维转变为互联网思维,立足互联网的思想、精神、价值来思考与解决问题,运用互联网的技术、方法、规则等来处理工作与生活事宜。而这些素质多的是在自由民主的多元化环境中来培养与提升的,这就要求包含高校在内的社会组织改变集权控制的方式,基于互联网思维与技术构建组织管理框架,在管理中赋予各成员平等的主体地位,尊重和激发其个性特点和发展潜质,尽最大可能地保障其精神自由与行动自主。

(二)社会劳动组织变化引发学生管理改变

新型生产方式的采用带动了社会生产力的提高,不仅使人们的物质生活水平快速提升,还将人们从繁重的体力劳动中解放出来,转而运用信息技术进行知识生产与价值创造。如此一来,人们的生产活动由现实社会不断向互联网空间拓展和迁移,依托网络建立的网络社群、虚拟组织、自组织等组织形态纷纷涌现。

总体来看,这些新的组织形态融合了传统社群理念与网络交往特点,为生产活动创设了高度开放与交互的环境,呈现互动过程的超时空性与开放性、行动空间再生产中的虚拟性、社会关系的平等性与自主性、秩序建构中的扁平化与多中心性、社群交往纽带的网缘化、群体成员的异质性较高和群体边界模糊等特征。较之传统意义上的科层制组织，这种社群化组织形式存在明显的进步之处，主要体现在：组织成员既可以在规定的期限内自由地选择合适的时间与地点来开展工作；也可以拥有部分解决问题的权力，根据所处的局部环境状况来自主作出决策；还可以不再囿于固定的内部分工，通过参与不同的项目来实现工作职责的灵活变动；更可以摆脱自上而下的权威控制，通过成员之间平等的互动合作来达成目标等。但在社会劳动组织形式正在发生结构性变革的当下，我国高校依然在高度组织化的科层体制下开展学生管理工作，依托固定的班级、内容、方法对学生进行集中管理，日益显露学生多元选择受限、学生自由交往受阻、信息传输效率较低等问题。因此，现阶段高校若要提升学生管理的质量，必须及时顺应社会劳动组织的社群化变化趋势，将社群化组织形态与管理理念应用于学生的管理之中。

（三）社会治理方式改变倒逼学生管理改变

信息技术打破了由信息垄断衍生的集权控制，创造了一个无疆域与文化阻隔的开放性虚拟社会，来自不同地域、不同民族、不同阶层的劳动者可以通过交流互动来自由吸纳信息与平等发表言论，使得多元文化和价值观念不断汇集、相互交换与彼此融合。多元价值的共存导致传统一元化权威体制与价值范式受到强烈冲击，昔日难以撼动的中央集权观念逐渐弱化，无法再在社会文化形态中保持绝对的统摄力。在此影响下，社会不得不对强调权威的组织管理方式进行结构性变革，使其由传统自上而下的行政管理向注重内外协调的民主治理转轨。

表面上管理与治理仅有一字之差，实质上治理却是管理的更高级形态，强调系统治理、依法治理、源头治理和综合施策，突出治理主体的多元性、治理方式的调控性、治理功能的协同性与治理过程的连贯性，能够有效避免行政化管理的随意性、盲目性、机械性和无序性。对于作为现代社会正式组织机构的高校而言，因受制于文化、政治、体制等外部因素及组织内部自生功能失调问题的影响，当前学生管理工作面临沟通合作不畅、行政权力泛化、民主参与短缺等困境。若要对这些现实问题和复杂形势变化进行应答，高校理应摆脱机械僵化的行政化管理路径依赖，顺应共建、共治、共享的社会治理现代化潮流，对高度集权、等级分明、硬性管控的学生管理模式进行优化革新，使其向以中心多元化为本质特征的社群化管理模式变迁。

二、高校人才培养方式改变对学生管理模式产生的影响

伴随着我国高等教育大众化建设的持续推进，高等教育的发展重心已由之前重规模的外延式发展转向了重质量的内涵式发展，创新型人才培养目标的提出、学分制与弹性学制的推行、书院制等新组织形式的出现，也为高校学生管理带来了新的挑战。

（一）创新型人才培养提出了新的要求

信息技术的发展使知识的生产、保存与传递让位于互联网络，社会生产方式的转变使经验模块化的工业制造让位于创新更替型智能智造，此时高校存在的价值使命发生了相应变化。其主要任务除了传统的传承文明与培养劳动者之外，更为强调满足知识经济增长、社会结构转型与综合国力提升的需要，从学生生命意义与个人价值的实现入手，培养能为各行各业发展作出创造性贡献的创新型人才。

一般而言，创新型人才理应是开放性的、多元化的与个性化的，不仅需要富有灵活、开放、好奇、冒险等个性，还要拥有拔尖的专业才能、敏锐的创新能力、较强的学习能力等智能，更需要具备强烈的社会责任感、崇高的历史使命感和永续的批判变革精神等品质，而这些品质多是在自由、民主与宽松的环境中，通过多元化与个性化教育培养而来。但是，综观当前的科层化高校学生

管理模式，过分强调以相对封闭的班级为基本组织单元来集中开展工作，依靠权力隶属关系对学生进行强制控制与规范管理，采用同质的、一元的标准进行统一评价等。凡此种种，皆表明学生被管得过紧，自主探索和自由学习的空间极其有限，无法保障学生的志趣挖掘、独立思考和主动创新。长此以往，在适宜创新型人才成长的多元化环境缺失的情况下，按照同一个标准和同一个规格培养学生，学生最基本的精神发展需求得不到满足，个性特点和发展潜质也得不到尊重和发挥，严重阻滞了其多样化、差异化与个性化发展，必然难以培养出有助于社会发展的创新型人才。由此可见，人才培养目标的转变向学生管理方式提出了新的要求，高校迫切需要建立能够确保精神自由与行动自主的管理模式，为创新型人才培养提供宽松的环境与合适的发展空间，使其能够作为管理主体来自主发展、尝试与探索。

（二）学分制与弹性学制引发新的问题

为全面优化创新型人才的培养过程，有效促进高校教育教学质量的提升，从而更好地满足网络时代对多层次人才的需求，我国高校普遍实施了学分制与弹性学制，以对传统的教学管理制度进行革新。与过去重教学目标管理而轻教学过程管理的学年制相比，学分制更强调对教学目标与过程进行统一管理，这一转变既为学生的自主学习、个性发展、特长发挥创造了条件，也给原有的学生管理模式带来了诸多挑战。

在管理理念上，学分制允许学生自主选择学习课程、进程、地点与方式等，使得学生在教育教学中的主体地位愈发凸显，学校必须将管理的关注点由行政事务转移到学生本身，主动适应学生的个性化发展需要，传统以制度为中心的管理理念显然与此相违背。在管理形式上，课程的自由选择打破了学科、专业与年级的界限，班级的概念在此过程中逐渐被淡化，传统的学生管理失去了固定的实施单元。同时随着可自由支配时间的不断增多，学生的日常活动空间也开始转向社区、宿舍或社团，院系对学生掌握与控制力度的日益弱化。这种松散式的教学与生活方式增加了管理对象的不确定性，难以依靠旧有的集中管理形式进行规范管理。在管理方法上，学分制下的校园管理秩序极具动态性、灵活性与开放性，若继续对学生进行直接、有形与硬性的监督管控与纪律约束，不仅会大大增加学生管理人员的工作难度，还会限制学生自主性与创造性的发挥。此时，就需要充分激发学生自我管理与自我约束的内驱力，推动管理方式由他律向自律转变。在管理内容上，教学管理制度的变革导致学生面临诸多的新问题，包括在充分拥有选择自由权的情境下，个人学习课程、培养目标与发展方向的确定；在各方面竞争日益激烈的背景下，个人学业压力、心理困惑与焦虑情绪的排解；在可自由支配时间增多的前提下，个人兴趣实践、社会实践与科研实践等第二课堂活动的参与；在毕业时间不一致的情况下，个人就业信息的获取、职业生涯的指导与就业派遣的办理等。这些情况倒逼高校根据学生多样化的实际需要，增添教育性、指导性与服务性的工作内容。由此可见，学分制与弹性学制的实施，为学生的自由发展拓展了空间，高校必须要由有形、集中、硬性的管理模式向无形、松散、柔性的管理模式转型。

（三）书院制等新的组织形式带来冲击

自由选课制、弹性学分制、后勤服务等推行后，学生生活区逐渐开始承担生活、学习和社会活动的诸多职能，由过去高校的学生管理盲区转变为教育重要阵地。为充分发挥这一地理区间的人才培养作用，高校在学生宿舍这个最基本单位的基础上，建立集生活空间与教学空间于一体的书院。毋庸置疑，组织形式的转变必然引发学生管理的一系列变化。

首先，由于书院没有严格的垂直式层级关系，难以采用纵向形式传达行政命令与分配工作任务，书院的各管理部门与学生之间若要进行联系，一般多通过横向的双向反馈和多元沟通实现，这对自上而下"命令—服从"的管理方式产生了冲击。其次，由于宿舍替代班级成为书院的管理终端，学生活动区域分布便呈现分散的态势。为实现学生管理工作的全面覆盖，高校开始根据学生宿舍的地理分布情况进行网格划分，依据职责合理配置网格管理人员，基于大数据技术建设管理信息平台，进行信息化、数字化、智慧化的网格管理，这对传统以班级为载体的集中管理形式产生了冲击。再次，扁平化的组织架构使得管理重心下移，除了学校与书院的管理组织机构对书院工作进行统筹指导外，还需要充分激发学生参与自治的主观能动性，由学生组成学生管理委员来实行民主管理，以及各学生自治组织和社团积极参与管理，这对管理人员的单一主体地位产生了冲击。最后，由于书院承担着"全员育人、全过程育人、全方位育人"的使命，具有理念组织、文化组织、教育组织、学生管理组织、拔尖人才培养的复合型教学组织等多种性质定位，学生管理工作更需要聚焦于教育方面。例如，通识教育、思想政治教育、心理健康教育、学业引导以及行为养成教育等，这对传统重行政事务的管理内容产生了冲击。书院制具有管理层级扁平化、管理形式网格化与管理重心下移化的特征，为了更好地适应这一新组织形式的需要，高校亟须将科层制下的集权式管理转变为松散型的互助式服务。

三、社会交往方式变化对学生管理模式产生的影响

信息技术的发展改变了人们的生活方式，网络社群逐渐代替科层组织成为交往的更重要形式。这种交往方式对当今学生的思想观念、价值取向、价值观等方面产生了深刻影响，从而对高校学生管理模式提出了新的要求。

（一）网络社群交往提出管理变革要求

根据中国互联网络信息中心（CNNIC）于 2020 年 9 月发布的《中国互联网络发展状况统计报告》显示，截至 2020 年 6 月，我国互联网使用人数已攀升至 9.40 亿，互联网普及率已达 67.0%，表明人们的身份由"社会人"逐步转变为"网络人"。互联网的普及在一定程度上打破了时空的限制，以互联网为

纽带的线上交往正成为年轻一代的主要沟通方式。特别是具有"数字原住民"特质的高校学生，他们更多地习惯于通过手持智能终端和海量的微型应用，根据个体需求组建或加入性质、类型、功能各异的网络社群。随时随地在这些开放、互联、共享的社群平台，通过交流互动来寻找志同道合或处境相类似的人，主动与其进行以主体符号化、关系多元化、过程虚拟化与范围无限化为特点的自由交往，从而获得情感依托、精神共鸣和群体归属感。

一般而言，学生经常使用的网络社群类型覆盖日常生活的各个方面，主要包括依托 QQ 群、微信群等即时通信工具而形成的沟通交流类社群，依托微博、贴吧、知乎等网络应用平台而形成的信息分享类社群。同时，也包括以百度传课、新浪公开课、腾讯课堂等为代表的在线教育类社群，以豆瓣小组、QQ 兴趣部落、虎扑体育等为代表的兴趣爱好类社群，以大众点评、淘宝等为代表的生活服务类网络社群等。这些社群几乎与学生的多样化需求全方位对接，实现了与学生日常学习生活的全面融合。在此背景下，以封闭性、等级性、规范性为交往特点的科层化模式则无法满足学生交往的需要，在管理过程中逐渐暴露出一系列问题。这些问题促使高校必须从学生的社群化发展需求出发，借助互联网信息技术来构建新的管理模式，以保证学生交往实践活动能够回归社群本身。

（二）学生时代特征变化引发管理问题

通过对网络社群运行的核心思路的分析可知，网络社群的运行并非依赖单一主体的理性设计，而是更多地凭借群体成员的自发互动、建构与整合。正是在自主参与和共同构建社群的过程中，学生日渐呈现出较强的主体意识、参与意识、法治精神、民主精神等时代特质，不再停留于以往对权威毫无异议地接受，而是强调个人多元需求、自由选择、个性发展与人生价值的实现。

由此可见，学生所具备的这些时代特征与传统高度集权的科层化管理之间存在明显冲突，主要体现在：权力高度集中的管理制度使得学生沦为被动接受管束的客体，其参与管理的自主性、自发性以及能动性在对上级指令的依赖中逐渐丧失；整齐划一的管理方式使学生的选择自由受到限制，严重阻滞了学生的多样化、差异化与个性化发展；以相对封闭的班级为基本组织单元进行集中管理，在一定程度上限制了学生跨学科、跨文化、跨地域的交流互动；依靠权力隶属关系进行制约的管理组织因缺乏必要的民主监督而滋生权力寻租问题，与学生接受长期教育所形成的公平、正义、秩序等法治意识背道而驰等。这些矛盾的日益显露，最终导致高校学生管理质量下降。在此背景下，高校亟须引进与学生时代特征相契合的管理理念，对学生管理模式进行优化与革新，使学生通过自我管理、自我教育和自我服务来满足个人发展需求。

第二节　信息时代高校教育教学模式的转变

我国于 20 世纪 80 年代引入"教学模式"这一概念，此后教学模式逐渐成为教学论领域的重要概念，对教学模式的研究也成为教学论研究的热点问题。但由于学术背景和学科的不同，学者和教师们对教学模式的理解和表述也不尽相同。因此，在探索新时代高校教学模式如何改革之前，有必要阐述和明确教学模式的基本内涵。

一、教学模式的基本内涵

学界普遍认为，教学模式的概念最早是由美国学者乔伊斯和韦尔等人提出的。1972 年，在著作《教学模式》中，他们认为，教学模式是一种可以用来设置课程（诸学科的长期教程）设计教学材料，指导课堂或其他场合的教学计划或类型。目前，学界对教学模式的界定大致形成了四类：一是认为教学模式是在教学实践中形成的一种设计和组织教学的理论；二是认为教学模式是在一定教学思想或理论指导下建立起来的各种类型教学活动的基本结构和框架；三是认为教学模式是在一定教学思想指导下建立起来的完成所提出教学任务的比较固定的教学程序及其实施方法的策略体系；四是认为教学模式不仅是一种教学手段，而且是从教学原理、教学内容、教学目标和任务、教学过程，直至教学组织形式的整体的、系统的、加以理论化的操作样式。这些定义又被称为教学模式的"理论说""结构说""程序说""方法说"。

综合这些观点，笔者倾向于将教学模式理解为"在一定教育思想、教学理论和学习理论的指导下，在某种教学环境和资源的支持下，教与学活动中各要素之间稳定的关系和活动进程的结构形式"。其中的要素主要有五个，它们彼此关联、相互作用，共同推进一个完整的教学模式的生成。

（一）理论基础

教学理论是关于教学情境中教师行为（如引起、维持和促进学生学习）的规定或解释。它既研究教学的现象、问题，揭示教学的一般规律，也研究利用和遵循规律解决教学实际问题的方法、策略和技术。不同的教学模式对应不同的教学理论，如探究式教学模式对应的是皮亚杰和布鲁纳的建构主义理论，自学—辅导式教学模式的理论依据是人本主义理论，行为心理学理论则被传递 – 接受式教学模式视为理论基础。

（二）目标倾向

教学模式是为了完成特定的教学目标而设定的。教学目标在教学模式构成因素中居于核心地位，它决定了教学模式的操作程序和师生在教学活动中的组合关系，也是教学评价的标准和尺度。正是教学模式与教学目标的这种极强的内在统一性，决定了不同教学模式的个性。

（三）实现条件

实现条件包括教师、学生、教学内容、教学手段、教学环境、教学实践、教学策略等，是教学模式实践的现实基础，也是教学模式充分发挥效力所需要的手段和策略。教师在运用教学模式时需要提出一些操作要领，如原则、方法、技巧等，以使教学模式清晰、确切地展现出来。

（四）操作程序

操作程序既包括教学内容的展开顺序，又包括教学方法的运用顺序，还包括师生心理活动的产生顺序等。它规定了师生在教学活动中应该先做什么，后做什么，以及各种步骤应该完成的任务。

（五）效果评价

各种教学模式是否完成其特有的教学任务，必须通过相应的教学评价予以检验和判断。科学的评价体系包括是否达到了职业岗位群的能力要求，相应的文化知识层面是否满足了技能的需要，是否培养出德、智、体、美、劳等全面发展的人才。

这五大基本要素的不同组合方式又影响教学模式功能的发挥程度。如果其组合处于活跃的互动状态，那么所有要素都将被激活且能最大限度地发挥应有的作用，教学模式就能发挥整体优化功能；反之，如果其组合处于僵化的孤立状态，那么各要素便难以发挥应有的作用，教学模式就会变成刻板的框架而影响教学效果。因此，高等学校在进行教学模式改革时，不仅应考虑目标的指向性，还应考虑结构的完整性，并且能够根据学科性质、教学内容、教学条件和师生状况，灵活变通地进行调整，以增强主动适应性。

二、信息时代高校教学模式的转变

综观当下我国各高等学校可以发现，"老师满堂讲，学生满堂听"的传统教学模式仍然是主流。这种教学模式以客观主义为教学理念，注重学生低阶能力的培养，师生之间缺乏深入对话与交流，教学组织形式和方法比较单一，教学评价不能较好地促进学生发展。虽然它有利于教师主导作用的发挥，但不利于学生创新意识、创新思维和创造能力的培养，已经无法与新时代对高素质人才的需求相适应，高校教学模式的转变正逐步展开。

（一）教学理念：从客观主义走向建构主义

客观主义和建构主义都是一种哲学观。其中，客观主义在本体论上认为世界是刚性的、客观的与既定的外在存在，是不随人的意志而转移的；在认识论上，它认为人们所获得的知识是刚性的、客观的、可以严格区分真伪的，当人们发现存在于外在世界的基本秩序、规则与基本关系时，就能够按刚性的规则、方法或客观过程去操作或迁移，以获得客观知识或辨识知识的真伪；在方法论上，它认为研究者仅能够按照客观的、公式化的、可以重复的方法与步骤，去获得有关外在世界的知识。建构主义在本体论上则倾向于将外在世界看成柔性的世界，是人的主体生命的表现或实践的场所，是人所赋予或阐释的意义结构网络，可以随着人的意志而变化；在认识论上，它认为人们所获得的知识是柔性的、弹性的，是在人的主体生命影响下产生的主观知识，是心灵意识对外在世界所做的理解或意义建构，因此，只有相对真理，没有绝对真理；在方法论上，它认为研究者可以采取独特的而非重复性的方法或途径去认识社会世界，人依靠自身经验对世界进行理解或解释。客观主义和建构主义的哲学观体现在高校教学领域，就产生了客观主义教学理念和建构主义教学理念。

（二）教学目标：从低阶能力走向高阶能力

传统高校教学模式关注的是学生的低阶能力。所谓低阶能力，是指运用低阶思维完成记忆任务、解决良构问题的心理特征。所谓低阶思维，是指运用较低层次的认知水平学习事实性知识或完成简单任务的能力，如对事实的记忆、浅层次的理解和近迁移的应用等。低阶能力和低阶思维将造成学生的低阶学习。所谓低阶学习，是指运用低阶思维进行机械性的学习，通常是被动的、接受式的、抽象的和单独的。低阶学习又将产生低阶知识。所谓低阶知识，是一种事实性、客观性、个体性、孤立性的知识，属于简单性、显性化的知识。随着时代的发展，如果将学生的个性发展一味局限于这些所谓的"低阶"，学生将很难适应时代的发展要求。对此，许多专家和组织机构提出了发展学生高阶能力的理论构想和实施计划。

所谓高阶能力，是以高阶思维为核心，解决劣构问题或复杂任务的心理特征。具体来说是指创新、问题求解、决策、批判性思维、信息素养、团队协作、兼容、获取隐性知识、自我管理和可持续发展等十大能力。高阶能力的核心在于高阶思维。所谓高阶思维，是发生在较高认知水平层次上的心智活动或较高层次的认知能力。高阶能力和高阶思维带来的是高阶学习和高阶知识。所谓高阶学习，是指运用高阶思维进行有意义的学习，通常具有主动的、有意图的、建构的、真实的和合作的特点。高阶知识是高阶学习的结果，也是支持高阶学习、高阶思维和高阶能力发展的必备条件。高阶知识属于建构性知识、情境化知识、同化的知识、从问题探究中所获得的个性化知识、复杂化知识和隐性知识。高阶能力是促进学生发展的指向，也是新时代高校教学模式改革的目标导向。

（三）价值取向：从重知轻行到知行合一

我国高校教学模式始终存在重知轻行的问题，即片面强调系统掌握各学科的理论知识，学生缺乏必要的专业实践能力。从教学模式的角度改变重知轻行的局限，强调知行合一是新时代高校教学改革的实践切入点，也是理论关注的焦点。比如，美国诸多学者在 20 世纪 90 年代就综合性地从教育技术学、心理学和教学设计等多个角度研究了新型教学模式，如基于问题的学习、抛锚式教学、认知学徒制、交互式教学、基于项目的学习、建构主义学习环境和开放学习环境等。这些教学模式的显著特征就是以情境认知和情境学习理论为基础，通过贯通学习理论、教学设计和信息技术，与具体的学科相结合，以促进学习者实践能力的发展。这些谋求培养学生实践能力的教学模式变革，为教学实践提供了一种新的理论视角和实践框架，对培养实践能力的教学研究产生了巨大的吸引力，在一定程度上引领着关注实践能力的教学模式的发展。

（四）教学组织：从单一化走向多样化

在我国的高校教学中，教学组织形式基本上是班级形式，而且是讲授式、注入式或填鸭式的班级教学形式，自主式、讨论式、研究式教学还比较鲜见。教学组织形式和方法单一化，势必导致学习目标、学习资源、学习时空、学习方式、学习体验等方面的狭窄化。显然，单一化的教学组织形式和方式是不符合新时代高等教育发展需要的。克服单一的讲授式班级教学形式，需要将多样化的方法镶嵌其中，如班级形式、小组形式和个别形式等相结合，超越或者打破传统的"讲中学"，探索和实行多样化的形式和方法。例如，将教学活动与有关的实例或者案例进行有机整合，给学生创造模仿学习机会的"例中学"；围绕研究项目或者活动任务，创设与学习内容相符的教学情境，让学习者通过亲身操纵物件的体验深化知识和理论的"做中学"；确立好特定的专题、主题或者问题，并以此为导向，引导学生灵活地运用各种研究方法和信息技术工具来开展自主研究活动，在发现中学习的"探中学"；给予学生展示自己作品或成果的机会，让学生与同伴或教师进行沟通和互评，在反思中学习的"评中学"。值得注意的是，在此过程中要以"取其精华，去其糟粕"的方式合理运用"讲中学"形式，一定要有效避免"讲中学"中的注入式教学形式再现。

（五）师生关系：从权威—依存走向平等—对话

传统的师生关系是权威—依存的关系，即教师是知识的化身、讲坛上的圣人、不可冒犯的权威和独角戏的表演者，学生是被动的接受者、等待被灌输知识的容器。这种关系下的教学信息传递是单边的，是建立在学生的被动和无知的基础上的，屏蔽了学生参与教学的空间，学生成为丧失话语权的弱势群体，其参与感和自主感都会受到严重影响。改善这种传统的师生关系，主要在于改变教师在传统教学模式中的权威角色，建立起平等—对话的师生关系。这种师生关系的构建，有助于更好地发挥作为活动主体的师生与客体在相互作用中的创造性和自主性，让教师的主导性和学生的主动性同时得到体现。平等—对话的师生关系集中体现了回归学生话语权的要求，以双向交流作为师生教学中的重点内容，提倡在教师与学生之间构建一种平等合作的关系。当教师走下讲坛，就意味着学生要承担更多的学习责任，同时也拥有了批评和质疑的权利。有效的对话是实现知识建构、心理发展和意义生成的重要方式，同时也是建立新型师生关系的主要特征之一。基于新型师生关系开展的教学活动给学生创造了更多的话语空间、自主思考和参与的空间，让学生拥有了"对话的位置"，为激活师生良好关系奠定了良好基础。

（六）教学评价：从标准化走向个性化

目前，传统的标准化智力测验和学生学习成绩考核，仍然是高校教学评价的主流方式。这种评价指标比较单一，以语言逻辑内容为主，以记忆复制为上，忽视个体差异和学科指标，混淆知识与能力、过程与方法、情感态度价值观的评价差异，不利于促进学生个性化发展和全面发展，也不利于学生创新能力、实践能力和学习能力的发展。为此，许多专家提出新时代高校的教学评价应该是多样化的、个性化的、过程性的，应该通过多种渠道，采取多种形式，在多种不同的实际生活和学习情境下进行，切实考查学生解决实际问题的能力。于是，以学习者发展为中心的真实评价应运而生。这种新的评价取向"是基于真实任务的、复杂的，能挑战学习者思维过程，评价标准充分反映学习者多元化的观点和多样化的问题解决方案"。具体来说，它具有如下几大特征：一是重视自我参照，即以学生本人（自身的目标、意图和过去的成绩）为参照，而不是以小组的标准规范为参照；二是重视迁移的知识与技能，强调学生高阶思维能力的发展，激励学生积极思考，向新的问题情境迁移应用所学；三是重视多样化、弹性化的评价，根据学生的思维、行为或绩效，运用不同的评价标准和方法；四是重视生成与建构，注重考查学生观点生成的过程，注重学生表现问题求解的过程，如计划、执行和修正等；五是重视评价的持续性和实时性，即评价是真实而自然的镶嵌过程，不是在教学后进行的；六是重视评价的生态性，讲究评价对学习生态环境的积极影响。

第三节 "互联网 +"时代高校学生管理工作的创新研究

随着互联网时代的不断深入，互联网实现了与传统行业的融合，形成了"互联网 +"新业态，对高校学生的学习生活与思想观念产生了巨大影响。从整体上看，对高校学生管理工作而言，"互联网 +"的发展与普及既是一种机遇，又是一种挑战，在对高校学生管理工作进行创新的同时，存在不容忽视的问题。对"互联网 +"带来的创新与问题进行研究，有助于高校学生管理工作获得更好的发展。

一、"互联网+"的含义

"互联网+"是创新2.0下的互联网与传统行业融合发展的新形态、新业态，是知识社会创新2.0推动下的互联网形态演进及其催生的经济社会发展新形态。"互联网+"属于一种全新的经济形态，也就是通过将互联网对于生产要素配置的优化、集成作用充分发挥出来，使互联网的创新成果与社会各经济领域有深度的融合，提高实体经济的生产力与创新力，形成更为广泛的、以互联网为实现工具与基础设施的、全新的经济发展形态。"互联网+"行动计划重点促进以云计算、物联网、大数据为代表的新一代信息技术与现代制造业、生产性服务业等的融合创新，发展壮大新兴业态，打造新的产业增长点，为大众创业、万众创新创设环境，为产业智能化提供支撑，增强新的经济发展动力，促进国民经济提质、增效、升级。

（一）"互联网+"的本质

从本质上看，"互联网+"就是将互联网全方位、深层次地应用于传统产业，并对其进行优化与完善，而不是简单的在线化和数据化。传统产业互联网的应用可以解决现有市场机制下许多解决不了的问题，如缓解信息不对称、降低交易成本；也可以通过改变生产流程，促进竞争力的提高。我国互联网在商业领域的应用已经处于世界领先水平，而互联网在工业领域的应用却大大滞后，从互联网商业到互联网工业，是从互联网应用到"互联网+"的最好诠释。互联网及信息化正带来新一轮科技革命。我国当前正处在抓住和引领产业革命前沿的最佳机遇期，抓住这次机遇，对我国经济的长远发展和创新体制建设具有深远的意义。

（二）"互联网+"的应用

互联网归根到底是一种工具，就像前几次技术革命中的蒸汽机、电一样，从产生之日起就得到各行各业的广泛应用。从这个意义上来看，"互联网+"是将涵盖大数据、云计算、移动互联网等整套的信息技术应用于社会、生活、经济等各个方面的过程。如果只从互联网的应用方面理解"互联网+",有可能会让人感受到一些困惑,即"互联网+"既然是社会各个层面对互联网的应用,那么,随着市场竞争压力的逐渐增大,依靠互联网实现成本缩减几乎是必然的。在这种情况下,互联网的应用不是自然而然发生的吗?为什么各个国家都以不同的形式将类似于"互联网+"的内容列为国家级战略布局?问题的核心在于互联网与哪些产业"相加"。

二、高校教学结合互联网的机遇和挑战

(一)融合互联网带来的机遇

当前,我国高等教育存在很多亟待解决的问题,而随着互联网的不断发展,高等教育有望更好地实现个性化、大众化、实用化、终身化。具体而言,高等教育存在的问题得到解决的可能性主要体现在以下几个方面:

互联网的普及有助于实现学生的个性化教育,使学生在很大程度上能够根据自身的实际情况进行学习。

在互联网与传统教育的深度融合下,传统教育在空间、时间上的限制被打破,有助于高等教育大众化、终身化的实现。

网络教学的新奇程度远高于传统教学,在吸引学生的同时,能够显著增强学生对学习的积极性与主动性。此外,互联网对教师教学内容的更新、教学方法的改进、教学水平的提高都会产生助力作用。在这种情况下,"教"与"学"的有效性都会得到充分发挥。

在互联网的作用下,传统的"教师教导学生学习"的模式向"学生自主学习"发生转变,教师从教授为主逐渐转变为引导为主。

总而言之,通过互联网开展学生管理工作是为了更好地适应社会不断变化的需求,同时受到学生管理工作的时代性、多样性与综合性等特征的影响。

（二）融合互联网带来的挑战

将互联网融入高校学生管理工作后，虽然学生管理工作总体呈现出积极的发展态势，但也为学生管理工作带来了巨大的挑战，主要体现在以下几个方面：

1. 高校学生认知观念受到的影响

从整体上看，互联网对学生学习与发展的影响是积极的，通过对现代化手段与形式的合理利用，使德育更加生动、具体地呈现在学生面前，提高了学生的接受能力，对学生世界观、人生观、价值观的培养以及政治理论的学习都有积极影响。但是，互联网也在一定程度上使学生的"三观"有异于传统。

随着互联网的迅猛发展，高校学生的学习方式得到充实，在社会大环境的影响下，学生社会责任感与爱国热情高涨，但是，受社会阅历与经验的限制，高校学生对社会与国家的具体情况理解得并不深刻，对很多社会现象的认识相对片面，易受西方文化的影响，呈现一定的西化趋势。

2. 高校学生道德理念受到的影响

提高高校学生的道德水平是高校学生管理工作的重要任务。随着对互联网应用的不断加深，在一定程度上促进了高校德育理论与实践的结合，同时使高校的法制观与道德观得到进一步健全，但是，互联网也带来了相应的需要重视的问题。

（1）道德冷漠

现今很多高校学生喜欢网络游戏，有些人甚至沉迷其中，应有的人际交往随之减少，并逐渐漠视与他人的关系，使得这部分人的幸福感知能力被弱化，甚至消失殆尽。

（2）社会责任意识弱化

在互联网中，逐渐形成了相对健全的虚拟社会，这给高校学生带来了更多的自由空间，但学生长时间处于互联网创造的虚拟社会后，会在一定程度上忽视现实生活的存在，并对自己的社会责任与社会定位产生迷惘，从而可能作出对现实社会有危害的事情。

3. 高校学生心理健康受到的影响

从整体上看，互联网的发展对社会与国家的经济建设是有利的，但却影响了高校学生的身心发展。部分高校学生在网络中消费，并沉迷其中，不利于他们心理与生理的健全发展。

三、"互联网 +"对高校管理的影响

（一）全面提升高校学生媒介素养

1. 学校方面

第一，通过宣传媒介素养，营造媒介教育氛围。媒介素养只有受到越来越多人的认可，才能更好地融入高校教育，因此，高校应通过合理利用自身传播知识与文化的功能，提高宣传媒介素养的力度，将校园社团、广播、期刊、报纸、电视台等作为宣传媒介素养的舆论阵地，这些都是与高校学生的校园生活息息相关的，能够潜移默化地影响他们，使他们认清媒介素养的重要性。总体而言，大力宣传校园媒介素养，就要让校园充满关于媒介素养的舆论，通过对各种媒介手段与形式的合理利用，营造媒介教育氛围。

第二，通过设立媒介素养教育课程，打造媒介素养教育团队。目前，我国媒介素养教育已经有了一定的理论基础，但想要在与本国国情相适应的情况下进行实践，还有很长的一段路要走。对高校学生而言，媒介素养既陌生又熟悉，同时也缺乏对媒介素养教育的理性认知。高校通过充分利用自身优势，设立媒介素养教育课程，能够使高校学生的媒介素养问题得到科学、有效的解决。在课程设置上，高校可将理论结合实践，设立有助于高校学生提高媒介素养的课程。此外，高校可举办辩论会、讲座等相关活动，通过不同形式更好地让学生树立良好的新媒体观念。

2. 媒介方面

第一，媒介将"把关人"作用充分发挥出来，从而使自身的公信力得以提高。在信息生产与传播上，媒介应定位于"把关人"这一角色，尽量使高校学生人生观与价值观不受传媒文化的消极影响。随着互联网时代的到来，信息滚滚涌入人们的视野，媒介对这些信息的发布与传播是具有掌握力的，因而应慎重选择。社会的发展需要人才的支撑，媒介理应充分发挥自身作用，让高校学生更好地认识社会，树立正确的价值观念。因此，新闻工作者应通过不断学习来提高相关的理论水平，并提高采、编、写等基本素养，同时应确保舆论导向的正确性，从而更好地对高校学生进行引导，让他们清楚哪些是真实的信息。此外，媒介从业者应坚守职业道德，不可因一时的利好而忘记自己肩负的社会责任。

第二，媒体与高校开展合作，给高校学生提供实践平台。媒介实践与媒介素养教育进行互动后，才能让二者获得更好的发展，因此，大众媒介应融入高校，使高校学生获得更多实践的机会，将理论印证于实践中。例如，传媒联合高校发起校园新闻设计大赛，专业的传媒从业者进入校园指导高校学生，这些学生亲自全程参与从拍摄到加工，再到设计，最后在媒体平台上播出最优秀的作品，不仅能让高校学生获得成就感，还能使他们获得一定的媒介知识。媒介与高校的合作形式除了校园新闻设计大赛外，还可以是网页制作大赛。此外，高校可邀请记者、编辑、主持人等进入校园，与高校学生进行面对面的交流，这样的方式能够显著提高学生对媒介的认知程度，逐渐消除对媒介的陌生感。如此，高校学生将成为媒介的理性消费者，而不会再被媒介的内容与形式左右。

（二）高校网络平台的系统构架

1. 在网络中打造高校特色

对于高校网络平台的关键性动态指标，主要在于内容、更新速度、准确度等方面。进入 21 世纪以来，互联网技术在我国得到迅猛发展，网络可以说是伴随现在的高校学生共同成长的，传统的、缺乏新意的网络内容已无法吸引他们。如果想通过网络引起他们的注意，就需要丰富的内容、快速的更新以及独特的形式。因此，在构建高校网络平台的过程中，应对内容简单、功能单一、形式传统等问题进行改善，从而在吸引学生的同时，使网络利用率得以有效提高。此外，应通过不断完善高校网络平台功能，使用户参与度得到提高，从而更好地融合校园文化，为高校的发展提供新动力。从上述可以得出，对高校而言，在构建网络平台系统的过程中，应充分利用具有较大影响力的媒介。

2. 在平台上优化校园网

通过优化校园网站，高校能够在网络中更好地展示自身特色。在校园网站上，高校可开辟校园特色专栏。校园网络如果设计良好、内容新颖、布局合理，不仅有助于社会关注度的提高，还具有吸引高校学生的作用，使他们产生归属感与荣誉感。

3. 在管理上完善制度

在网络中，高校学生是主要的活跃群体，同时是主要的网络互动参与成员。因此，就怎样对网络评论进行引导、对网络舆情进行控制、对网络动态进行监管、对网络突发事件进行处理等问题，高校应建立相应的技术团队，更好地维护、管理与利用网络平台；对于网络平台认识的重要性与必要性，高校的各院系与部门都应有所提高，通过加大投入，对校园网络平台进行更好的开发。

以校园管理制度为基础，高校应将校园网络平台管理机制规范化，并有所创新，通过管理规章制度的统一、合理，明确管理者与参与者的责任与义务，良性引导高校学生树立正确的网络道德观念，从而井然有序地使用校园网络平台；将校园网络平台的各级管理体系一起来，完善网络信息的反应机制，如监控、收集、干预等，以对校园网络平台的正常运行予以保护。

四、"互联网+"时代高校学生管理工作的创新

（一）在网络中增强学生的法治与文明意识

目前，互联网发展迅猛，而我国关于此方面的法律法规建设尚未健全，高校对网络文明的宣传教育力度有限，对学生网络法治意识的树立并未得到实践，同时缺乏对学生在网络中的行为的正确指引，使得学生的网络文明意识相对淡薄，对网络法治的理解具有一定的局限性，导致学生在网络中会有不当的行为。作为学生网络文明与网络法治建设主要阵地的高校，网络法治文明系统建设尚有很大空间，良好的校园网络文化氛围有待形成。

针对学生在网络中存在的不当行为，应加大监管力度，具体要从以下两个方面着手：一方面，应坚持他律结合自律，主张学生群体树立互相监督的意识，提高其在网络中的文明程度。同时，加深学生对网络文明与网络违法行为标准的认识，使学生在网络中的行为与现实差异不大，从而通过实际行动，更好地构建网络文明。另一方面，国家应以网络发展的新问题与新情况为依据，制定符合当前网络环境的法律法规，提高网络文明行为的标准以及加大对网络犯罪的打击力度。高校学生管理人员应通过开展文明上网教育、网络安全教育、网络普法教育对学生进行引导，在提高网络文明行为标准的同时，树立学生在网络中的自我保护意识，使其能够主动遵守相关的网络法律法规。

（二）将教育阵地扩充到网络当中

开放性是网络典型的特征之一，原有的社会、国家之间的限制被逐渐打破，世界各国的联系越来越紧密，不同文化的剧烈冲突、不同意识形态的猛烈碰撞，都是前所未有的。在多元文化的冲击下，一些思想尚未成熟的高校学生会逐渐迷失自我，怀疑主流思想信念的正确性，从而导致他们的价值观念出现偏差，政治观念较为淡漠，并产生了拜金主义、极端个人主义等问题。

此时，高校学生管理工作人员需要承担更多的责任，他们应夺回网络高地，

在校园网上设立理论专区，在网络平台上构建"红色网站"，为思想政治教育打下基础。同时，应对高校学生网络民意的表现保持高度的重视，通过对高校学生思想动态的密切掌握，及时回应高校学生关注的热点问题，将疏导工作做好。此外，应对高校学生经常参与的网络聊天室、网站、网上社区有所触及，通过积极沟通，及时了解高校学生的网络情绪。由于网络骨干活跃人员对普通民众的影响力是巨大的，在面对敏感话题时，应将骨干活跃人员团结起来，发挥他们的积极影响，使更多网友能够成熟、理性地对问题进行思考。

（三）将网络资源用于学生管理

目前，在高校学生管理工作中，网络资源与技术的应用尚处于初期阶段，很多都只是流于形式，在实际应用上有一定欠缺。只有以管理与服务的结合为基本原则，才能更好地开展网络学生管理工作。一方面，应将对学生的网上服务空间进一步拓宽。比如，可以开展网上社团活动、网上就业信息咨询、网上心理咨询等，通过对网络具有的优势特征的合理利用，将一些在现实操作中具有局限性的管理工作或服务消除，使高校学生管理工作得到新突破。另一方面，应提高校园网络的信息储量，在校园网络中，不仅可以查询本校的规章制度、方针政策、常规信息，还应包括本校学生经常使用的生活社交网络资源、学术网络资源等，使校园网络具有综合性特征，在方便学生学习和管理的同时，增加网络自身的吸引力。

随着网络信息技术的飞速发展，高校学生管理产生了巨大改变，其方式与理念都有了新的要求，高校学生管理工作应正视这一现实环境的变化。对于在教育管理环境中出现的新问题，高校学生管理人员只有通过提高自身素质与应用现代网络技术的能力，将网络资源优势运用得当，才能更好地适应并改善这些新问题，从而提高高校学生管理工作的实效性与针对性。

高校学生管理工作人员应清楚抢占网络高地的重要性，其可以有效地改善学生管理工作。受传统教育理念的影响，学生虽然懂得尊师重道，但也会对教师产生一定的畏惧心理，在面对教师时难以完全敞开心扉，自然也不会表达真实的想法。而由于网络具有虚拟性、隐秘性的特征，学生在网络中与教师交流时会减少一定的顾忌与尴尬，因此，当代大多数学生都喜欢在网络中表达自己的思想情感，将网络作为释放压力、缓解情绪的工具。当管理者对网络的掌握程度较低时，是很难确切掌握学生的思想情感的，也难以发现问题，随着时间的推移，师生关系只会渐行渐远。因此，管理者应熟练运用网络，对学生在网上发表的信息保持一定的关注，适时了解学生的想法，从而遏止学生产生消极思想。

参考文献

[1] 曹晔, 闫子靖. 新时代现代职业教育的新格局、新目标 [J]. 职业技术教育, 2023, 44（4）: 6–11.

[2] 陈莹莹, 金伟林. 职业教育校企合作人才培养有效模式研究 [J]. 江苏商论, 2023, 463（5）: 119–122+126.

[3] 陈永芳, 师慧丽, 王路炯. 职业教育教学设计理论与案例分析 [M]. 上海：同济大学出版社, 2019.

[4] 程宇. 中国职业教育与经济发展互动效应研究 [D]. 长春：吉林大学, 2020.

[5] 符学龙, 蒋道霞, 嵇正波. 基于职业教育发展新理念的现代职业教育体系构建与探索 [J]. 机械职业教育, 2022, 441（10）: 1–4.

[6] 高奇. 职业教育原理 [M]. 北京：光明日报出版社, 2019.

[7] 黄炎培. 职业教育论 [M]. 上海：商务印书馆, 2019.

[8] 郎军. 职业教育产教融合人才培养问题及对策研究 [D]. 沈阳：沈阳师范大学, 2020.

[9] 李继明, 华佳, 蔡小玲. 职业教育校企合作长效机制构建研究 [J]. 科技风, 2022, 510（34）: 158–160.

[10] 李鹏. 职业教育产教融合制度化：新尺度、新挑战与新方向 [J]. 南京师大学报（社会科学版）, 2022, 244（6）: 24–33.

[11] 刘腊梅. 职业教育对技术技能型人才创造力影响机制及提升路径 [D]. 南昌：江西科技师范大学, 2022.

[12] 刘颖. 职业教育现代学徒制的政策研究 [D]. 南京：南京邮电大学，2021.

[13] 聂娟. 高校学生管理的艺术 [M]. 长春：吉林出版集团股份有限公司，2022.

[14] 邵若男. 地方政府推进职业教育校企合作策略研究 [D]. 济南：山东大学，2022.

[15] 沈中彦. 中国式职业教育现代化的演进逻辑、基本经验与时代特征 [J]. 职业技术教育，2023，44（1）：14–20.

[16] 王辉. 我国职业教育产教融合政策变迁析理 [J]. 中国职业技术教育，2022，823（27）：5–12.

[17] 王雪梅. 职业教育高质量发展的问题与推进路径 [J]. 福建金融管理干部学院学报，2022，169（4）：59–64.

[18] 王忠昌，黄海泳. 职业教育教师教学创新团队的角色塑造、专业素养与发展路径 [J]. 职业技术教育，2023，44（6）：32–37.

[19] 吴济慧. 职业教育产教融合的生态机制与测评研究 [D]. 长沙：湖南农业大学，2021.

[20] 吴锐. 我国职业教育课程开发价值取向研究 [D]. 延安：延安大学，2021.

[21] 杨欣斌. 职业教育服务中国式现代化的路径指向 [J]. 中国职业技术教育，2022，827（31）：5–9.

[22] 尹洪斌. 职业教育教学研究 [M]. 开封：河南大学出版社，2018.

[23] 赵蓉蓉. 职业教育高质量发展的影响因素分析 [J]. 科教导刊，2022，500（32）：5–7.

[24] 郑绍红，屈璐. 职业教育类型属性的内涵意蕴与表征形态 [J]. 重庆电子工程职业学院学报，2023，32（2）：1–9.